LISBOA

ammann

Fernando Pessoa

Mein Lissabon

Ein Lese- und Bilderbuch

Ammann Verlag

Druck: Offizin Andersen Nexö, Leipzig
ISBN 3-250-10222-9

I

Fernando Pessoa

LISSABON

Was der Reisende sehen sollte

Aus dem Englischen von
Hans Jürgen Balmes und Sabine Dörlemann

Über sieben Hügeln, denen genauso viele Aussichtspunkte entsprechen und von denen man das wunderbarste Panorama genießen kann, liegt die riesige, unregelmäßig bunte Häusermasse zerstreut, die Lissabon bildet.

Für den Reisenden, der sich auf dem Seeweg nähert, erhebt sich Lissabon, selbst von weither, wie ein schönes Traumgesicht, gestochen scharf steht es vor einem strahlend blauen Himmel, den die Sonne mit ihrem Gold erheitert. Kuppeln, Denkmäler, das alte Kastell ragen über die Menge der Häuser hinaus wie weit vorgerückte Boten dieses entzückenden Fleckens, dieses gesegneten Landstrichs.

Die Verwunderung des Reisenden beginnt, wenn sich das Schiff der Barre nähert und der *Bugio* – der Leuchtturm, ein kleiner Wachtturm an der Mündung des Flusses, der nach Plänen von Frei João Turriano vor drei Jahrhunderten errichtet wurde – hinter ihm liegt und der befestigte *Torre de Belém* erscheint, ein wunderbares Beispiel für die Militärarchitektur des 16. Jahrhunderts in maurisch-romanisch-gotischem Stil (vgl. Seite 71). Wie das Schiff weitergleitet, verengt sich

der Fluß, um bald wieder breiter zu werden und einen der ausgedehntesten Naturhäfen zu bilden, der den größten Flotten der Welt geräumigsten Ankergrund bietet. Dann scharen sich zur linken Seite über den Hügeln hell die Häuser. Das ist *Lissabon.*

Das Anlegen geht einfach und schnell: Es geht an einem Ort vonstatten, wo Transportmöglichkeiten in Hülle und Fülle vorhanden sind: Pferdedroschke, Automobil oder die elektrische Straßenbahn bringen den Fremden in wenigen Minuten direkt ins Zentrum der Stadt. Am Kai wird er jede Annehmlichkeit finden, und die Beamten dort sind stets freundlich und werden ihn mit jedem Hinweis versorgen, dessen er bedarf – ganz gleich, ob er sich an einen Zollbeamten, an die Hafenbeamten oder die Einwanderungspolizei wendet.

Draußen vor der *Alfândega* (den Zollgebäuden) steht ein kleiner Kontrollposten, was sehr nützlich ist, da er die Zustellung des Gepäcks überwacht und den Mißbrauch verhindert, der sonst unter solchen Umständen unvermeidlich ist. Von dem Posten aus wird das Gepäck in jeden Teil der Stadt expediert, die Verantwortung für die Zustellung liegt bei dem Posten. Die Beamten sind äußerst kompetent und beherrschen mehrere Sprachen.

Wir bitten den Reisenden nun, uns zu folgen. Wir wollen ihm als Cicerone dienen und ihn durch die

Hauptstadt führen, ihn auf die Denkmäler hinweisen, auf die Parks, die denkwürdigeren Gebäude, die Museen, auf all das, was in dem wunderbaren Lissabon zu sehen lohnt. Nachdem der Reisende, der für einige Zeit bleibt, sein Gepäck einem vertrauenswürdigen Dienstmann übergeben hat, welcher es im Hotel abliefert, bitten wir ihn, es sich in unserem Automobil bequem zu machen und uns ins Stadtzentrum zu begleiten. Auf der Fahrt werden wir ihn auf alles Sehenswerte hinweisen.

Direkt hinter dem Kai, den er gerade verläßt, erhebt sich die *Rocha do Conde de Óbidos;* sie krönt ein wohlgepflegter Garten, der über zwei steinerne Freitreppen zu erreichen ist; vom höchsten Punkt des Parks hat man eine schöne Aussicht auf den Fluß. Folgen wir der *Rua 24 de Julho,* kommen wir am Jardim de Santos (auch Jardim de Vasco da Gama) vorüber und bald darauf am Jardim da *Praça de Dom Luís,* wo die Bronzestatue eines der heroischen Anführers der Befreiungskämpfe steht, des Marquês de Sá da Bandeira; das Denkmal wurde von Giovanni Ciniselli entworfen und in Rom gegossen und der Sockel in Lissabon von Germano José de Salles erstellt und 1881 errichtet.

Ein wenig später, gleich nachdem wir das schöne Gebäude passiert haben, in dem die von Königin Amélia gegründete Assistência Nacional aos Tuberculosos (Nationale Hilfsstelle für Schwindsüchtige) unterge-

bracht ist, wollen wir den Platz betrachten, der sich nach rechts bis hin zum Fluß erstreckt; zur Linken steht das Denkmal für den *Duque da Terceira*, der Lissabon von der Herrschaft des Absolutismus befreite, zur Rechten findet sich eine Marmorstatue, die einen Seemann am Steuer zeigt. Das Denkmal stammt von Francisco dos Santos und das des Herzogs von dem Bildhauer Simões de Almeida. Nahebei steht der provisorische Bahnhof der Cascaes-Linie, und am Fluß ist ein Kai für die kleinen Dampfboote, die über den Tejo setzen. Hier befindet sich auch ein Autodroschkenstand.

Unser Automobil setzt seine Fahrt durch die Rua do Arsenal fort, am Rathaus *(Câmara Municipal)*, einem der schönsten Gebäude der Stadt, vorbei. Sowohl das Innere wie auch das Äußere ist sehenswert und ist dem Architekten Domingos Parente zu verdanken; in den Steinmetzarbeiten und Gemälden etc. spüren wir das gemeinsame Wirken berühmter Künstler. Der monumentale Treppenaufgang, der zum ersten Stock hinaufführt, ist beachtlich, vor allem wegen der herrlichen Gemälde, die Wände und Decken schmücken; aber viele Räume des Gebäudes sind nicht weniger nobel mit Fresken und Tafelgemälden von Sequeria, Columbano, José Rodrigues, Neves Júnior, Malhoa, Salgado etc. ausgestattet und stellen historische und andere Gestalten dar, unter anderem zeigt ein großes

Bild von Lupi den Marquês de Pompal und den Wiederaufbau Lissabons nach dem großen Erdbeben; daneben Büsten von hervorragenden Bildhauern, kunstvoll gestaltete Kamine, Möbel etc.

Im Mittelpunkt des Platzes erblicken wir den weithin bekannten Pranger *(Pelourinho);* es ist ein Meisterwerk des späten 18. Jahrhunderts, eine aus einem einzigen Stein geschnittene Säule; während wir den Platz überqueren, sollten wir unser Augenmerk auf das Marinearsenal *(Arsenal da Marinha)* richten, ein riesiges Gebäude, das neben dem Ausrüstungslager auch die Werkstätten, die sich wie Docks zum Fluß hin erstrecken und von hier nicht zu sehen sind, sowie die 1845 gegründete Marineschule *(Escola Naval)* und das *Tribunal da Relação* (Appellationsgericht) beherbergt, in dessen Hallen einige prächtige Exemplare alter Teppichkunst zu bewundern sind. In diesem Gebäude sind noch weitere, aber weniger wichtige Behörden untergebracht. Nicht getrennt davon befindet sich im gleichen Gebäude unter anderem, genau gegenüber dem Rathaus, ein Post- und Telegraphenamt, aber nur der Schalter für postlagernde Sendungen ist von dieser Seite aus direkt zugänglich.

Nun erreichen wir den größten Platz Lissabons, die *Praça do Comércio,* früher *Terreiro do Paço,* wie er auch heute meist noch genannt wird; den Engländern ist dieser Platz als »Black Horse Square« ein Begriff, und

er gehört zu den größten der Welt. Es ist ein riesiger, vollkommen rechteckiger Platz, der auf drei Seiten von gleichen Fassaden mit hohen Steinarkaden umschlossen wird. Alle wichtigen Behörden finden sich hier – die Ministerien (bis auf das Außenministerium), ein Post- und Telegraphenamt, das Zollamt, die Generalstaatsanwaltschaft der Republik, das Einwanderungsbüro, das Verwaltungsgericht, das Hauptbüro des Roten Kreuzes etc. Die vierte, nach Süden gerichtete Seite nimmt der Tejo ein, auf dem stets reger Schiffsverkehr herrscht. In der Mitte steht das *Reiterstandbild* Königs José I., eine hervorragende Arbeit von Joaquim Machado de Castro, die 1774 in Portugal aus einer einzigen Form gegossen wurde. Sie ist 14 m hoch. Den Sockel schmücken wunderschöne Statuen, die den Wiederaufbau nach dem großen Erdbeben von 1755 zeigen. Unter ihnen befindet sich eine Figur, die ein Pferd führt, das einen Feind zermalmt; eine Statue mit dem Zweig einer Siegespalme, der Ruhm steht in einer anderen Gruppe; die Komposition ist in der Tat bemerkenswert. Darüber erblicken wir die königlichen Wappen und ein Bildnis des Marquês de Pombal, ebenso eine allegorische Darstellung der königlichen Großherzigkeit, dank der Lissabon aus den Ruinen neu erbaut wurde. Ein an Säulen aufgehängtes Geländer umläuft das Denkmal, und Marmorstufen führen zu ihm hinauf.

Auf der Nordseite des Platzes, dem Fluß direkt gegenüber, sind drei parallele Straßen; die mittlere geht von einem herrlichen Triumphbogen mit größten Abmessungen aus, zweifellos einem der höchsten Europas. Er ist auf 1873 datiert, aber er wurde von Veríssimo José da Costa entworfen und sein Bau bereits 1755 begonnen. Die allegorische Gruppe, die den Bogen abschließt, wurde von Calmels geschaffen und personifiziert Ehre, Genie und Tapferkeit; die liegenden Figuren, die die Flüsse Tejo und Douro darstellen, wie auch die Statuen von Nuno Álvares, Viriato, Pombal und Vasco da Gama sind dem Bildhauer Vítor Bastor zu verdanken.

Vom Terreiro do Paço aus kann man mit Boot über den Fluß setzen; rechts zum Fluß hin, und zum Teil über ihm, steht der provisorische Südbahnhof. Häufig gehen die Reisenden hier an Land, ebenso die Besatzungen fremder Kriegsschiffe, die den Hafen besuchen. Außerdem gibt es auf dem Platz einen Stand für Pferde- und Autodroschken.

Selbst den anspruchsvollen Reisenden wird der Anblick dieses Platzes überraschen.

Von der Praça do Comércio können wir durch drei nach Norden führende Straßen zur Stadtmitte gelangen – Rua do Ouro zur Linken, Rua Augusta (die mit dem Bogen) in der Mitte und Rua da Prat zur Rechten. Wählen wir die Rua do Ouro, die wegen ihrer kommerziellen Bedeutung die Hauptstraße der Stadt ist. An dieser Straße liegen mehrere Bankhäuser, Restaurants und Geschäfte jeder Art; viele dieser Läden, vor allem dem oberen Ende der Straße zu, wird man als genauso prächtig empfinden wie ihre Pendants in Paris.

Beinahe am oberen Ende der Straße, aus unserer Richtung gesehen links, befindet sich der *Elevador de Santa Justa,* benannt nach der Querstraße, in der sich dieser Aufzug befindet. Er ist eine der Sehenswürdigkeiten der Stadt und fordert den Reisenden, gleich woher sie stammen, stets große Bewunderung ab. Er ist dem französischen Ingenieur Raoul Mesnier zu verdanken, der noch für weitere interessante Projekte zeichnet. Der Aufzug ist eine Stahlkonstruktion, seine Ansicht ist unverwechselbar, er wirkt leicht, ist aber stabil. Er führt zum Largo do Carmo hinauf, wo die Ruinen der Carmo-Kirche stehen – heute das Archäologische Museum. Man braucht eine Vollmacht, um ganz bis zur Spitze zu fahren, von der man einen herrlichen Rundblick auf die ganze Stadt und den Fluß hat. Der Aufzug gehört der Elektrostraßenbahngesellschaft.

Wir haben nun die *Praça Dom Pedro IV.* erreicht, gemeinhin *Rocio* oder *Rossio* genannt. Dieser große rechteckige Platz ist auf allen Seiten bis auf die nördliche mit Gebäuden in Pombalinischem Stil umgeben; es ist Lissabons wichtigster Platz, fast alle Arten von

Transportmöglichkeiten kreuzen ihn. In der Mitte steht ein Standbild Pedros IV., das auf 1870 datiert ist; es wurde von Davioud entworfen und von Elias Robert ausgeführt.

Dieses Denkmal ist eines der höchsten von Lissabon und mißt über 27 m. Es setzt sich aus einem Steinfundament, einem Marmorsockel, einer Säule aus weißem Marmor und einer Bronzestatue zusammen. Der untere Teil umfaßt vier allegorische Bronzefiguren, die Gerechtigkeit, Stärke, Klugheit und Mäßigung vorstellen, dazu die Wappen der sechzehn wichtigsten Städte Portugals. Nördlich und südlich dieses Denkmals stehen zwei Brunnen mit Bronzespeiern, umgeben von Blumentrögen.

Auf der Nordseite des Platzes befindet sich das *Teatro Nacional Almeida Garrett,* das aus dem Jahre 1846 stammt und von dem italienischen Architekten Fortunato Lodi geschaffen wurde. Die Fassade dieses Gebäudes ist bemerkenswert; sie schließt sechs Monumentalsäulen ein, die zuvor Teil der Kirche São Francisco da Cidade gewesen waren. Die Standbilder von Gil Vicente, die der Thalia und der Melpomene, stammen von Assis Rodrigues und basieren auf Zeichnungen von António Manuel da Fonseca; die Figuren, die Apollo und die Musen darstellen, stammen vom gleichen Künstler, während die Standbilder bestimmter Dramatiker und die Reliefs der vier Tageszeiten von

Assis Rodrigues ausgeführt worden sind. Das Innere ist nicht minder interessant, das Theater selbst ist prächtig, die Decke von Columbano ausgemalt. Auch die Halle ist stattlich. Genau an dieser Stelle tagte früher die Inquisition.

Die Unrast und der Verkehr, die man auf dem Rossio erblickt, rühren daher, daß sich auf dem Platz fast alle Straßenbahnlinien kreuzen, sehr viele Geschäfte, Hotels und Cafés ihn umgeben sowie von der Nähe zum Lissaboner Zentralbahnhof der Portugiesischen Eisenbahngesellschaft (Companhia dos Caminhos de Ferro Portugueses).

Das Bahnhofsgebäude steht dem westlichen Flügel des Theaters gegenüber. Die Fassade ist, reichlich *dentélée*, im manuelinischen Stil gehalten, die Glastüren zeigen eine Hufeisenform. Die Uhr hoch oben ist elektrisch und mit den Bahnhofsuhren verdrahtet. Im Erdgeschoß befinden sich die Kartenschalter für die Hauptlinien, ein Informationsbüro und die Gepäckannahme. Es gibt einen Aufzug, falls man nicht über die Treppe auf die obere Ebene steigen möchte, die sich auf Gleisniveau befindet – ein verwirrender Umstand für alle, die den hügeligen Charakter der Stadt vergessen haben. Auf dieser Etage finden wir die Kartenhäuschen für die Vorortlinien, eine Polizeiwache, den Schalter für die Bahnsteigkarten, einen Aufbewahrungschalter für Handgepäck und einen für Sperrgut. Durch mehrere Türen kann man auf den Bahnsteig gelangen. Diesen oberen Stock oder eben die Bahnsteigsebene erreicht man auch über eine Rampe von zwei Stellen der Rua Primeiro de Dezembro aus; Kutschen und Automobile wählen diesen Zugang, um direkt unter die Überdachung zu fahren, die zur oberen Etage gehört. Unter dem gleichen Dach findet sich ein Post- und Telegraphenamt, das bis zur Abfahrt der letzten Postzüge geöffnet bleibt.

Das Bahnhofsgebäude wurde von dem Architekten José Luís Monteiro entworfen, der Bau wurde 1887 begonnen und drei Jahre später abgeschlossen, die offizielle Eröffnung fand am 11. Juni 1890 statt.

Wir sind nun genau im Zentrum Lissabons. Der Reisende, sei er über den Seeweg gekommen oder hier aus dem Bahnhof herausgetreten, ist nun am rechten Ort, um sich für ein Hotel zu entscheiden, falls er nicht am gleichen Tag noch weiterreisen möchte. Denn tatsächlich liegen alle wichtigen Hotels am Rossio oder in dessen unmittelbarer Nähe.

Hat er ein Hotelzimmer gewählt, wird der Reisende selbstverständlich einen kleinen Stadtrundgang unternehmen. Geht er östlich, wird er zwei Schritte vom Rossio entfernt die *Praça da Figueira* finden, den Stadtmarkt von Lissabon, der auf dem früheren Gelände des Allerseelenhospitals, des Konvents St. Camillo und anderer Gebäude steht. Dieser Markt ist

sehr belebt und beliebt; es ist eine Stahlkonstruktion mit Glasdach und beherbergt eine Vielzahl kleiner Läden und Stände, die sich zur Straße oder zum Gebäudeinneren hin öffnen. Am besten besucht man ihn morgens, dann bietet er ein prächtig bewegtes Bild.

Doch setzen wir unseren Rundgang an dem Punkt fort, wo wir ihn unterbrachen – beim Zentralbahnhof. Steigen wir höher, erreichen wir die große Avenida da Liberdade, oder, um genauer zu sein, die *Praça dos Restauradores,* die den Anfang der Avenida markiert. In der Mitte dieses »Platzes« werden wir ein Denkmal entdecken, das an den Restaurationskrieg erinnert, der 1640 einsetzte. Das Monument ist mit Fundament, Sockel und Obelisk 30 m hoch, der Entwurf stammt von António Tomás da Fonseca. Im unteren Teil stehen zwei Statuen, die den Geist des Sieges und der Freiheit symbolisieren, die erstere von Simões de Almeida, die zweite von Alberto Nunes; das Denkmal trägt außerdem die Daten der wichtigsten Schlachten der Feldzüge, die auf die Revolte von 1640 folgten. Der Obelisk wurde 1886 errichtet. Auf diesem »Platz« finden sich Stellplätze für Pferde- und Autodroschken, Motorräder und Beiwagengespanne.

Ein wenig höher, an der Ecke zur Calçada da Glória, steht ein riesiges Gebäude, das *Palácio Foz* genannt wird; genau in diesem Haus hat man den Clube dos Restauradores (Maxim) – s. Seite 84 – eingerichtet.

Die *Avenida da Liberdade* (d.h. die Avenida der Freiheit) wurde 1882 eröffnet und ist die schönste Verkehrsader Lissabons. Sie ist 90 m breit und 1500 m lang, von Anfang bis Ende mit Bäumen bestanden und umschließt Gartenanlagen, Teiche, Brunnen, Kaskaden und Statuen. Sie steigt unmerklich an und zeigt eine wunderbare Perspektive. Diese große Verschönerung verdankt sich Rosa Araújo, dem damaligen Vorsitzenden der Câmara Municipal.

Genau am Eingang der Avenida sehen wir links und rechts des Hauptfahrweges zwei Marmorbecken; weiter oben stehen zwei im gleichen Stil gehaltene Fontänen, von prächtigen Pflanzen umgeben, das Wasser ergießt sich aus zwei Figuren, die den Douro und den Tejo darstellen. Rechts sehen wir ein wenig höher das interessante Denkmal für *Pinheiro Chagas,* ein Schriftsteller und Journalist; neben ihm ist auch die Heldin eines seiner Dramen dargestellt. Das Denkmal wurde 1908 auf Initiative der Wochenzeitung *Mala da Europa* errichtet.

Der linken Seite zu, dort wo die Rua do Salitre einmündet, wurde am 9. April 1923 der Grundstein für ein Monument gelegt, das den Gefallenen dieses großen Krieges gedenken soll. Genau an diesem Ort, auf der gleichen Seite, befindet sich der Clube Avenida Palace, und, auf der Rückseite – mit einem Zugang durch die Traversa do Salitre – die *Avenida Parque,* wo

Theater und andere volkstümliche Vergnügungsstätten liegen.

Die Gartenanlagen, die der Avenida entlang folgen, werden von vier Marmorstandbildern abgeschlossen, die Europa, Afrika, Asien und Ozeanien darstellen. Entlang der Avenida da Liberdade gibt es zwei Theater, vier Lichtspielhäuser und mehrere Cafés und Konditoreien, außerdem einige palastartige Residenzen. Während der Sommermonate weiten einige der Cafés ihren Service bis in die mittleren Parkanlagen aus, die verschwenderisch beleuchtet werden; diese Gartencafés verleihen zusammen mit der Musik der ganzen Avenida in den Sommernächten eine besondere Stimmung.

Die Avenida läuft in einer Rotunde aus oder, wie es offiziell heißt, in die *Praça Marquês de Pombal.* Diese Stelle hat man für das Denkmal dieses großen portugiesischen Staatsmanns gewählt. Die Grundsteinlegung wurde am 8. Mai 1882 – zum Centenarium des Todestages Pombals – von König Luís vorgenommen; das Monument, das sich gerade im Bau befindet, wurde von dem Architekten Adães Bermudes und von António Couto entworfen, die Bildhauerarbeiten sind von Francisco dos Santos. Es wird 36 m hoch werden und die fünf großen hier zusammentreffenden Avenidas überblicken. Die Fundamente sind in einer Tiefe von 18 m auf Fels gegründet. Das Denkmal wird, so ist es

geplant, den Staatsmann, der auf seinem Podest des Ruhms sein großartiges Werk – den Wiederaufbau Lissabons nach dem großen Erdbeben, die Ersetzung der Leibeigenschaft durch Arbeit und Ausbildung – überblickt, und wird auch die wichtigsten Mitstreiter des Marquês bei seiner Unternehmung zeigen: José de Seabra, Dom Luís da Cunha, Conde de Lippe, Luís António Verney, Dr. Ribeiro Sanches, Manuel da Maya, Eugénio dos Santos und Machado de Castro. Dazu wird man verschiedene Inschriften erblicken, die die wichtigsten Taten des großen Reformers beschreiben. Die Basis wird aus Granit errichtet, die Brunnenbecken und Säulen werden in farbigem Marmor und vergoldeter Bronze, die Statuen und Tiefenreliefs in Bronze ausgeführt, das Standbild Lissabons wie auch die Trophäen, die Adler und der Aufbau für die abschießende Gruppe in weißem Marmor; die Inschriften werden aus vergoldeter Bronze sein und die sie krönende Gruppe in Bronze gegossen.

Von diesem Punkt aus führen große Avenidas in die neuen Stadtteile. Genau an dieser Stelle campierten vom frühen Morgen des 3. bis zu dem des 5. Oktobers 1910 die Truppen, die unter dem Kommando von Admiral Machado Santos die Monarchie stürzten und die Republik ausriefen.

Eine dieser Prachtstraßen, die von der Praça Marquês do Pombal ausgeht, heißt Avenida Fontes Pereira

de Melo; hier stehen schöne Privathäuser und palastartige Residenzen, die wichtigste ist die des Millionärs Sotto Mayor; ein wenig weiter, an der Ecke Avenida 5 de Outubro de 1910 und der Rua Pinheiro Chagas, steht das Haus des Malers Malhoa, das von dem Architekten Norte Júnior entworfen wurde.

Die Avenida mündet in die *Praça Duque de Saldanha,* die ein Denkmal für diesen großen liberalen Marschall trägt, der dem Platz seinen Namen gab; das Monument, entworfen von Tomás Costa und Ventura Terra, wurde 1908 enthüllt. Den Sockel ziert eine Bronze der Siegesgöttin.

Folgt man der Avenida da República, einer wohlgepflasterten Allee, in der man einige interessante Privathäuser bewundern kann, sollten wir rechter Hand auf den großzügigen und kühnen *Praça de Touros do Campo Pequena* (Stierkampfzirkus) achten, er datiert von 1892 und wurde nach einem Entwurf im maurischen Stil des Architekten António José Dias da Silva in Backstein ausgeführt. Die Arena umschließt eine Fläche von 5000 qm und bietet 8500 Zuschauern Platz.

Brechen wir auf und fahren weiter, unter der Eisenbahnunterführung hindurch, und bald stehen wir vor dem nächsten im Bau befindlichen Denkmal. Es steht am Ende der Allee und soll an den iberischen Unabhängigkeitskrieg erinnern, in dem sich Portugal 1808 von Fremdherrschaft befreite und so viele Portu-

giesen ein beachtliches Heldentum an den Tag legten. Der Grundstein wurde 1908 gelegt, zur Erinnerung an die Hundertjahrfeier des bekannten Volksaufstandes; die Erstellung des Denkmals wurde nach einem Wettbewerb den Brüdern José und Francisco de Oliveira Ferreira zugesprochen, ersterer ein Bildhauer, zweiterer ein Architekt, die einen Entwurf von bemerkenswerter Noblesse und Schönheit eingereicht hatten. Das Denkmal wird einmal eine Höhe von 16 m erreichen. Das Werk der beiden Künstler wird Portugal als Festung darstellen, ein Pantheon für die Männer, die sich Ruhm erwarben, und in seiner Mitte eine Truhe voller Heiligtümer, die das Volk verteidigt. Es spielt auf die Entdeckungen von Gama und Cabral an und entspricht mit seiner gesamten Anlage sehr genau den heroischen Gefühlen, die sie zu diesen Entdeckungen antrieben. Im unteren Teil werden mehrere Figurengruppen stehen, sie symbolisieren: vorne das aufstandische Volk, das wild entschlossen den Ruhm seiner Geschichte verteidigt; links die Mühen und Wirren des Krieges; auf der Rückseite ein Löwe, die Stärke des Volkes, der auf den Ruinen des Kampfes ruht; rechts zerstörte Hütten und eine gebrandschatzte Kirche, ein Mädchen kniet bei seinem Vater, und beide weinen über das Unglück, das über sie gekommen ist. Auch die Gräber der Urahnen der Portugiesen sind zu sehen. Die Komposition wird von einer Gruppe überragt –

Portugiesen zerren ihre Flagge aus den Fängen des Kaiseradlers und geben sie dem eigenen siegreichen Volk zurück.

Der Aufbau und die unteren Gruppen werden aus weißem Marmor aus Pero Pinheiro sein, und die Hauptgruppe aus Bronze wird im Heeresarsenal gegossen werden. Alle Skulpturen werden von José de Oliveira Ferreira in seinem Atelier in Praia de Miramar geschaffen.

Nun betreten wir einen der schönsten Parks der Stadt, den *Campo Grande,* der 1 km lang und 200 m breit ist. In früheren Zeiten befand sich hier ein Exerzierplatz, bis Königin Maria I. anordnete, daß eine Bepflanzung vorgenommen werden sollte. Wir finden hier wertvolle Exemplare exotischer Bäume, Hecken, Blumen etc., es gibt einen See für Vergnügungsfahrten, eine kleine Insel, auf der eine Erfrischungsstation eingerichtet wurde, eine Rollschuhbahn, einen Tennisplatz, Kinderschaukeln, gedeckte Laubengänge, Musikpavillons, Leihfahrräder usw.

Links, genau bei dem See, der allgemein Lagoa dos Barcos (Lagune der Boote) heißt, befindet sich das Jockey Club-Hippodrom, ein großer Platz, der hält, was sein Name verkündet – und auch für andere Wettrennen zur Verfügung steht. Die Strecke ist 1500 m lang und hat am Start eine Durchschnittsbreite von 30 m; es gibt drei Podeste oder Tribünen, eine für den

Staatspräsidenten und zwei weitere aus Beton, eine für die Mitglieder des Jockey Clubs, die andere für das allgemeine Publikum. Letztere bietet 6 000 Personen Platz. Es gibt Stehplätze für rund 60 000, einen Ausschank und genügend Raum für die Rennpferde. Der *pari mutuel* (Startmaschine) nach französischem Vorbild wurde gerade installiert.

Anschließend an dieses Feld wird bald ein Stadion von der Größe desjenigen in Stockholm entstehen, hier werden die Athleten für die olympischen Spiele trainieren können, daneben ein Fußballplatz, ein Polofeld und ein Golfplatz.

Der Jockey Club wurde im Juli 1925 gegründet und verdankt seinen Ursprung einer von der Öffentlichkeit angeregten Initiative von Lissaboner Sportlern, die hierfür jedes Lob verdienen. Einige Schritte weiter steht das sehenswerte *Chalet das Canas* (das Haus der Stöcke), das vollständig aus allen möglichen Ästen und Baumstrünken erbaut worden und mit Ölbildern geschmückt ist; es enthält Treibhauspflanzen und Aquarien; daran stößt ein Garten mit exotischen Pflanzen von großem botanischem Wert. Dieses Chalet wurde unter der Aufsicht des früheren Verwalters der Park- und Gartenanlagen, António Cordeiro Feio, errichtet.

Der Campo Grande ist eines der beliebtesten Sonntagsziele; die Menge zerstreut sich über die breiten Wege, die man kunstvoll durch den Park geführt hat,

und oft kann man auf dem zur Linken liegenden Fahrweg buntgemischte Gruppen von Reitern und Kutschen sehen. In der Senke des Campo befindet sich ein Fußballfeld, das dem Sporting Club de Portugal gehört. Wir umrunden es und gehen zurück, wobei wir links das Armenhaus von Dom Pedro V., das äußerst kuriose Bordalo Pinheiro-Museum sowie ein Standbild dieses großen Zeichners unserer Nation sehen, welches von Raul Xavier geschaffen wurde.

Unser Automobil kehrt nun durch die Avenida da Republica zurück, durchquert rasch das Viertel von Estefânia, wo sich das Krankenhaus gleichen Namens befindet, und fährt, indem man die Avenida Almirante Reis kreuzt, auf den *Senhora do Monte* hinaus, ein Hügel, von dem aus man einen der schönsten Rundblicke hat, bei Nacht sowie bei Sonnenauf- und Sonnenuntergang. Wir sind nun unterwegs zum Monte da Graca, wo eine der prächtigsten Kirchen Lissabons steht; in dieser Kirche kann man sich das Bild des *Senhor dos Passos* anschauen (aus brasilianischen Hölzern und Intarsien gearbeitet), das bei einer Prozession, die nach diesem Bild benannt wurde, eine Rolle spielte, doch wurde die Prozession seit der Gründung der Republik ausgesetzt. Von dem steinernen Vorplatz dieser Kirche genießt man ein großartiges Panorama der Stadt, fast ebenso schön wie von Senhora do Monte aus.

Die Rua da Voz do Operaio hinunter hält unser Au-

tomobil nun vor einem anderen großartigen Gotteshaus – der Kirche *São Vicente de Fora,* wo es viel zu bewundern gibt. Die prächtige Fassade ist im Renaissancestil des 17. Jahrhunderts gehalten, in den Nischen stehen Standbilder der Hl. Anton, Dominik, Sebastian, Augustin, Vincenz, Norbert und Bruno. Eine breite Freitreppe führt zur Kirche hinauf.

Dieses grandiose Gotteshaus wurde 1147 von Dom Afonso Henriques erbaut, dem ersten König Portugals, und 1627 nach Plänen des Architekten Felipe Tersi umgebaut. Ist schon das Äußere beachtlich, steht das Innere dem in nichts nach. Die Kirche ist 74 m lang und 18 m breit, mit schönen Seitenkapellen, die beeindruckendste ist jene der Senhora da Conceição, die mit Marmorinkrustationen ausgelegt ist; ein Hochaltar, der sich ganz dem Zusammenwirken zweier großer Künstler verdankt, Venegas und Machado de Castro; ein wundervoller Chor mit einer kostbaren Orgel; bemerkenswerte Bilder im Kirchenschiff und in der Sakristei, die aufs schönste ausgeschmückt ist; ein Kreuzgang voller Kachelbilder; und die Eingangshalle des Konvents mit Gemälden von V. Baccarelli, die Manuel da Costa restauriert hat, etc. Von dem Vorplatz dieser Kirche hat man einen guten Blick auf den Tejo.

Im früheren Refektorium des Klosters ist nun die Königsgruft des Hauses Bragança *(Panteão Real da Casa de Bragança)* untergebracht; der Umbau wurde

1855 von König Fernando II. befohlen. Der erste, der hier bestattet werden sollte, war schon im Jahr darauf König João IV.

Der Eingang befindet sich vorne in der Kirche, eben die Tür rechts, durch die man früher in den Palast des Erzbischofs von Lissabon gelangte. Zur Rechten liegen die Verwaltungen des ersten und zweiten Stadtbezirks, zur Linken stößt man, folgt man dem Gang, auf die alte Sakristei, die auf Anordung von König João V. ganz mit Marmor ausgekleidet wurde. Vorne im Raum führt eine Steintreppe zum Liceu de São Vicente empor. Ganz hinten betritt man durch eine mächtige Mahagonitür die eigentliche Königsgruft. Am Eingang des Korridors, der 17 m lang und 4,5 m breit ist, sind zwei Grabmäler in die Wand eingelassen; zwei Helden ruhen hier – der Duque de Saldanha und der Duque da Terceira -, beide Grabmähler sind eine angemessene Ehrung für die Schlachten, die sie gewonnen haben. Bei dem letzteren ist seine Frau beigesetzt, die den gleichen Titel trug.

Die Königsgruft ist 36 m lang und 9 m breit; auf den beiden erhöhten Längsseiten liegen die sterblichen Überreste der Könige und Prinzen. Rechts ruht König João IV., der Begründer der Herrschaft der Bragança; sie begann mit der Revolution von 1640, die von vierzig Adligen vorbereitet und von dem großen Patrioten João Pinto Ribeiro angeführt worden war.

In der Mitte ruht Dom Pedro IV., König von Portugal und Kaiser von Brasilien; auf seinem Sarkophag symbolisieren zwei Kronen die seine beiden Reiche. Als König zeichnete er sich im Krieg gegen seinen Bruder Dom Miguel aus, in dem er die konstitutionelle Monarchie gegen den Absolutismus verteidigte.

Neben Pedro IV. liegt Prinz Afonso, der Bruder von König Carlos, in einem kostbaren Silbersarg, der über 600 kg wiegt. Vor Dom Afonso ist König Carlos beigesetzt, den zwei tödliche Kugeln am 1. Februar 1908 trafen, als er aus Vila Viçosa zurückkehrte und in einer offenen Kutsche die Praça do Comércio überquerte. Unter seiner Herrschaft hat Portugal einige glänzende Siege in Afrika errungen – jener von Mouzinho de Albuquerque über den Rebellenführer Gungunhana in Moçambique und jener von Major Rocadas über den Stamm der Cuamata in Angola.

Etwas weiter entfernt liegt der Sohn von König Carlos, Dom Luís Felipe, der bei dem gleichen Vorfall ums Leben kam.

Auf der gegenüberliegenden Seite ruhen einige wichtige Mitglieder der portugiesischen Königsfamilie, darunter die Könige Luís I. und Fernando II., die wie Dom Carlos und dessen Sohn in Sarkophagen mit Glasdeckeln beigesetzt sind. Das Aussehen Dom Fernandos hat sich am wenigsten verändert, obwohl er seit nun vierzig Jahren hier aufgebahrt ist.

Die Königsgruft, die jedes Jahr von mehr als 20 000 Menschen besucht wird, untersteht der Zentralstelle zur Durchführung des Gesetzes zur Trennung von Staat und Kirche; diese Kommission verdient alles Lob für die Sorgfalt, mit der sie sich der Gruft angenommen hat. Das Pantheon kann an jedem Wochentag von 10-5 Uhr besichtigt werden; ein Escudo für wohltätige Zwecke ist alles, was zu entrichten ist.

Indem wir von der Largo de São Vicente kommen und links unter dem Seitenbogen halten, erreichen wir einen riesigen Platz, den *Campo de Santa Clara,* wo donnertags und samstags die Feira da Ladra besichtigt werden kann, ein malerischer Flohmarkt mit manchmal Nützlichem, manchmal Zweifelhaftem, etwas Neuem, etwas Altem, aber alles in allem wohl ein gutes Geschäft für die seltsamen Händler, die an diesen Tagen ihre Waren auf dem Pflaster an der frischen Luft feilbieten. Manchmal taucht hier wirklich etwas merkwürdig Kostbares, sei es Kunsthandwerk oder ein archäologisches Altertümchen, auf.

Etwas weiter auf diesem Platz findet sich ein kleiner Park, davor befindet sich das Kriegsgericht. Geht man weiter, liegt rechts ein Gebäude, das, wäre es nur fertig geworden, eines der schönsten religiösen Denkmäler des 17. Jahrhunderts geworden wäre: die *Igreja de Santa Engrácia,* eine Steinmetzarbeit aus wundervoll gestaltetem Marmor. Man hatte einst geplant, die-

ses Gebäude dem Nationalpantheon anzuschließen, aber dieses Projekt kam bisher nicht voran. Doch trotz des unvollendeten Zustands ist die Kirche sehenswert. Momentan dient sie als Artilleriedepot.

Setzen wir unsere Rundfahrt fort, sehen wir etwas weiter unten die Waffenfabrik (Fábrica de Armas), die an das Heeresarsenal stößt. Auch das aus dem 18. Jahrhundert stammende Marinehospital befindet sich hier.

Wir biegen nun in die Rua do Mirante, fahren die Rua Diego do Conto hoch und gelangen zur Bica do Sapato. Zur linken liegen Poço do Bispo, Xabregas und andere dicht bevölkerte Industrieviertel. Auf dem Weg kommen wir an der Kirche *Madre de Deus* vorbei, ein Kloster, das 1509 von Königin Leonor gegründet worden war. Es wurde immer wieder renoviert, zeigt aber noch viele hervorragende und kunstvolle Einzelstücke an Kachelbildern und Gemälden, vor allem in der Sakristei und im Chor.

Wenden wir uns nach rechts, sehen wir den Platz, der nach dem Artilleriemuseum *(Museu de Artilharia)* benannt worden ist; an diesem Platz liegt der Santa Apolonia-Bahnhof, der Güterbahnhof Lissabons. Genau vor diesem steht das Heeresarsenal, und in diesem Gebäude ist das *Artilleriemuseum* untergebracht. Ohne Zweifel ist dies das bemerkenswerteste Museum von Lissabon. Es wurde 1842 von Baron de Monte Pedral gegründet, aber es sollte bis 1876 dauern, bis aus

ihm ein wirklich großes Museum wurde, was sich den Anstrengungen seines Direktors Capitão Eduardo Ernesto de Castelbranco verdankt. Dieses Museum beherbergt viele Sehenswürdigkeiten – eine prächtige Sammlung von Geschützen und anderen Feuerwaffen, Rüstungen, wie auch die Ausstattung der Säle selbst mit Intarsien, Holztäfelung, Portraits, Büsten, Statuen, Medaillons und Halbreliefs; Uniformen aus der Zeit des iberischen Unabhängigkeitskrieges etc. Die Sammlung der Geschütze (ungefähr 300 Stück), die bei den portugiesischen Feldzügen in Europa, Afrika und dem Osten eine Rolle spielten, ist eindrucksvoll; sie sind wahrhaft lebendige Zeugnisse einer ruhmreichen Vergangenheit. Die Gemälde tragen die Signaturen von Meistern wie Columbano, Malhoa, Veloso Salgado, Carlos Reis, Ramalho, Luciano Freire, Condeixa, Jorge Colaço, João Vaz, Acácio Lino, Sousa Lopes, Falcão Trigoso u. a.; die Standbilder sind von Simões de Almeida (dem Neffen), Oliveira Ferreira, Sousa Rodrigues und anderen; die vergoldeten Inkrustationen, die vielen Kostbarkeiten – dies alles macht aus dem Museum eine Schatzkammer voller Meisterwerke, die kein Lissabon-Besucher verpassen sollte.

Das Artilleriemuseum befindet sich, wie bereits gesagt, im *Arsenal do Exército* (Heeresarsenal), das Gebäude datiert aus dem 18. Jahrhundert und besitzt einen monumentalen dem Bahnhof zugewandten

Eingang mit einer bewundernswerten allegorischen Gruppe des Bildhauers Teixeira Lopes. Das Museum ist an allen Wochentagen außer montags von 11-5 Uhr geöffnet.

Auf unserem Weg zurück in die *Baixa*, also dem zentralen, niedrig gelegeneren Teil der Stadt, kommen wir an einem der malerischsten Viertel Lissabons vorbei – dem *Alfama*, dem alten Fischerviertel –, das sich immer noch einen Gutteil seines Aussehens aus alten Zeiten bewahren konnte. Verbringt ein Reisender einige Tage in Lissabon, sollte er einen Besuch in diesem Viertel nicht auslassen; denn kein anderer Teil Lissabons kann ihm einen solchen Eindruck von dem Aussehen der Stadt in vergangenen Zeiten vermitteln. Alles hier beschwört die Vergangenheit herauf, die Architektur, die Art der Straßen, die Bögen und Treppen, die hölzernen Balkons und eben jene Gewohnheiten der Leute, die dort ein Leben voller Lärm, Gespräche, Lieder, Armut und Schmutz verbringen.

Nachdem wir den Cais da Fundição passiert haben, den Kai, an dem die Schiffe nach und aus Afrika ab- und anlegen, kommen wir auf die Rua da Alfândega. Auf der rechten Seite, ganz am Anfang befindet sich die Travessa dos Bicos. Der Reisende sollte hier aus dem Automobil steigen, um zur *Casa dos Bicos* (Haus der Spitzsteine) zu gehen. Das Gebäude stammt aus dem 16. Jahrhundert und gehörte den Nachkommen des großen Afonso de Albuquerque. Die Fassade besteht ganz aus facettierten Spitzquadern, und aus diesem Grunde nannte man es früher Casa dos Diamantes (Diamantenhaus). Es ist eine architektonische Kuriosität, die sich anzuschauen lohnt.

Wir steigen wieder in unser Automobil ein. Ein bißchen weiter in derselben Straße, durch die wir unseren Weg fortsetzen, befindet sich die Kirche *Conceição Velha,* die unsere Aufmerksamkeit verdient. Das Portal ist im manuelinischen Stil, eine zierliche Steinarbeit, und wir sehen hier, im Halbrelief, die Figuren der Senhora da Misericórda, König Manuels I. und seiner Königin Dona Leonor, die Stifter der Misericórda, sowie Papst Leo X. und mehrere Heilige, Bischöfe etc. Die Kirche wurde 1520 erbaut und wurde nach dem letzten großen Erdbeben von 1755 – sie hatte bereits unter vorherigen Beben gelitten – neu errichtet. Das Innere des Gotteshauses lohnt sich ebenfalls zu besichtigen, obwohl es in künstlerischer Hinsicht nicht weiter bemerkenswert ist.

Ein paar Meter weiter befindet sich die Rua da Madalena. Unser Automobil fährt diese hinauf und biegt nach rechts ab, zur *Sé Patriarcal*, der Kathedrale Lissabons. Dieses Gotteshaus ist äußerst alt, das Datum seiner Erbauung ist nicht bekannt, doch nimmt man an, daß es noch aus der Zeit weit vor der maurischen Herrschaft stammt, höchstwahrscheinlich wurde es

von König Afonso Henriques erbaut. Die zahlreichen Erdbeben, unter denen Lissabon zu leiden hatte, haben ihre Spuren an diesem Gotteshaus hinterlassen, und es wurde mehrmals restauriert. Aber es muß gesagt werden, daß es – wie der gegenwärtige Zustand verdeutlicht – schlecht instand gesetzt wurde, da die verschiedenen »Restaurateure« keinem endgültigen Plan folgten. Zur Zeit wird die Kathedrale einer wachsameren Restaurierung unter der Leitung von António Couto unterzogen, und es bleibt zu hoffen, daß diese Rekonstruktion der Kathedrale eine künstlerische Einheit zu geben vermag.

Dieses Gotteshaus war der Schauplatz mehrerer Begebenheiten, die Geschichte machten, wie zum Beispiel der Volksaufstand von 1383, bei dem Bischof Dom Martinho Anes wegen seiner Voreingenommenheit gegenüber der Politik von Dona Leonor Teles von einem der Türme geworfen wurde.

Das Innere der Sé lohnt einen eingehenden Besuch, bei dem man keinesfalls die drei Längsschiffe, die Bögen, die farbigen Glasfenster, das Taufbecken, über dem vermutlich 1195 der Santo António getauft wurde, die Kapelle Bartolomeu Joanes, den Kirchenstuhl von Machado de Castro und die verschiedenen Gemälde, die es dort zu bewundern gibt, auslassen sollte. In der Kathedrale befinden sich auch die Gräber von den Gründern der gerade erwähnten Kapelle, der

Erzbischöfe Dom Rodrigo da Cunha und Dom Miguel de Castro, von Afonso IV. und seiner Königin, der Tochter von Sancho IV. von Kastilien, und von Lopo Fernandes Pacheco und seiner zweiten Gemahlin Maria Rodrigues. Vom Chor und den Galerien aus kann nahezu die ganze Kathedrale eingesehen werden.

Die Kathedrale besitzt einen hervorragenden Schatz an liturgischen Geräten aller Art, gefertigt in Gold und Silber und mit kostbaren Edelsteinen von unschätzbarem Wert versehen. Einer der bemerkenswertesten Gegenstände ist die berühmte *Custódia da Sé* (die Monstranz der Sé), welche 90 Zentimeter hoch ist und aus reinem Gold gearbeitet und mit Diamanten, Smaragden, Rubinen und anderen wertvollen Steinen, erstaunliche 4120 an der Zahl, verziert ist. Der quadratischische Sockel wiegt 75 marcos, das sind 17 212 Kilogramm. Die Monstranz wurde von dem berühmten Künstler José Caetano de Carvalho geschaffen, der daran fünfeinhalb Jahre lang arbeitete und die Ehre hatte, sie König José I. 1760 zu überreichen, welcher wiederum sie der königlichen Kapelle zum Geschenk machte. Die Arbeit allein kostete 18 contos (£ 9000). Eine andere ebenso bemerkenswerte Kostbarkeit ist das sogenannte *Philippinische Kreuz*, eine vielfarbige Emaillearbeit, welche Philipp II. von Spanien 1619 dem Convento de Cristo in Thomar stiftete. Das Museum, das all diese Kostbarkeiten

beherbergt, ist jedoch leider nicht der Öffentlichkeit zugänglich.

Etwas weiter die Straße hinauf befindet sich das Frauengefängnis *Aljube*, früher der Palast des Erzbischofs Dom Miguel de Castro. Abgesehen von seiner historischen Bedeutung soll dieses Gebäude unsere Aufmerksamkeit nicht weiter beanspruchen. Auf der gegenüberliegenden Straßenseite, beim Hinauffahren zur Rechten, liegt das Gefängnis für männliche Gefangene, das *Limoeiro*. Das große Gebäude wurde in seinem gegenwärtigen Aussehen im 18. Jahrhundert erbaut, aber diese Stätte ist von jeher eng verknüpft mit der Geschichte Portugals. Der Paço dos Infantes (der Prinzenpalast) befand sich einst hier, und hier begab es sich auch, daß der Conde de Andeiro, der Liebhaber Königin Dona Leonors, von dem Mestre de Avis getötet wurde. König Fernando starb hier, hier standen einst die Casa da Anoeda (Münze), die Casa da Vereação und die alte Casa da Suplicaçâo. Das Limoeiro ist das älteste bürgerliche Gefängnis von Lissabon; das Gebäude wurde im 18. Jahrhundert in ein Gefängnis umgewandelt. Vor einigen Jahren wurde es von ein paar Gefangenen in Brand gesteckt, und ein Teil brannte nieder. Dieser Teil wurde bis heute nicht wieder errichtet.

Schräg gegenüber dem Limoeiro ist die Rua da Saudade, die zum *Castelo de São Jorge* führt. Der Rei-

sende, dem ein wenig Zeit bleibt, sollte es sich nicht nehmen lassen, zu diesem Kastell hinaufzufahren, das auf einer Anhöhe errichtet wurde, welche einen Ausblick über den Tejo und weite Teile der Stadt bietet. Es gibt drei Haupteingänge, bekannt als Verräter-, Martim Moniz- und São Jorge-Tor. Alle drei Tore sind sehr alt. Das Kastell selbst ist bemerkenswert. Es wurde von den Mauren erbaut und war mit seinen dicken Mauern, Zinnen und Türmen, so scheint es, Teil der Befestigungsanlagen Lissabons. Dort residierten Könige, und es war Schauplatz vieler bemerkenswerter Ereignisse in der politischen Geschichte Portugals. Obwohl heute umzingelt und geradezu erdrückt von einer Vielzahl von Häusern sowie kaserniert, verändert, verdorben und verstümmelt durch Mißbrauch und Erdbeben, ist es als Erinnerung an das, was es einmal war, heute noch sehenswert. Der Ausblick ist wunderbar. Für eine Besichtigung des Kastells muß man beim diensthabenden Offizier der Kaserne um Erlaubnis nachsuchen.

Nachdem wir das Castelo de São Jorge oder das Limoeiro besichtigt haben, lassen Sie uns zurück nach unten zum Rossio fahren, wo wir die prachtvolle und gewaltige Kirche *São Domingos* auf dem Seitenplatz gleichen Namens bewundern können. Diese Kirche wurde nach dem großen Erdbeben von dem Architekten Mardel errichtet. Die wichtigeren offiziellen Zeremonien fanden hier statt – königliche Hochzeiten und Taufen, Krönungen, Beerdigungen. König Dom Carlos heiratete hier. Es lohnt sich, das Hauptschiff in dunklem Marmor mit den an den Sockeln angebrachten Medaillons zu betrachten, ebenso wie die Gräber von Prinz Afonso, Sohn König Afonsos III., und von Bruder João de Vasconcelos sowie die Gemälde Pedro Alexandrinos, welche die verschiedenen Kapellen schmücken.

An dieser Stelle stand einst der Convento de São Domingos, der 1755 von dem Erdbeben zerstört wurde und wo die Inquisition viele ihrer *autos de fés* (Autodafés) veranstaltete. In dieser Kirche geschah es auch, daß 1506 nach einem Gottesdienst von der fanatischen Menge viele Juden getötet wurden, ein Massaker, das rasch auf andere Stadtteile übergriff.

Fahren wir die Rua Eugénio dos Santos entlang, sehen wir gegenüber der Rua do Jardim do Regedor den Monumental Club und ein Stückchen weiter, ebenfalls zu unserer Rechten, das prunkvolle Gebäude, in dem sich seit 1897 die Sociedade de Geografia befindet. Die Gesellschaft wurde 1875 von Luciano Cordeiro gegründet und hat eine äußerst patriotische Rolle gespielt, indem sie Vorlesungen, Kongresse, Ausstellungen, nationale Gedenkfeiern, wissenschaftliche Expeditionen usw. veranstaltete. Wir finden hier ein interessantes Kolonial- und Völkerkundemuseum vor,

dessen Sammlung Schiffsrelikte, Galeonsfiguren, portugiesische und afrikanische Boote sowie Büsten und andere Skulpturen, Waffen, Pfeile und andere Eingeborenenwaffen, Flaggen und Banner von Militärexpeditionen, Ölgemälde von berühmten Landschaften, Manuskripte, Radierungen, indische Möbel, historische Möbel, Wildtierhäute, Proben von Textilfasern und ähnliches, Produkte aus Angola, Moçambique, Macau, Timor u.a., wie zum Beispiel Kaffee, Kautschuk, Hölzer usw., Götzenbilder der Eingeborenen, Zähne von Tieren, Schädel, Vögel, Beispiele typischer Trachten aus den portugiesischen Provinzen, Globen, Sarkophage und tausend andere kuriose Stücke umfaßt. All dies füllt das Foyer, das Treppenhaus zu den drei Stockwerken, drei große und vier kleinere Ausstellungsräume sowie zwei Galerien um den größten Saal, den Sala Portugal mit einer Fläche von 790 qm. Das Museum hat sonntags von 11-4 Uhr geöffnet, kann aber mit Genehmigung auch an Wochentagen besucht werden.

Im gleichen Gebäude befindet sich eine der größten Theater- und Zirkusarenen in ganz Europa, das Coliseu dos Recreios. Fast direkt gegenüber liegt das Gebäude der Associação Comercial de Lisboa (der Handelskammer), welches früher dem Palace Clube gehörte.

Unser Automobil überquert nun wieder den Ros-

sio und fährt die Rua do Carmo und die Rua Garrett (besser bekannt als Chiado) hinauf und biegt in die Rua Ivens, an deren Ende ersauf dem Platz hält, auf dem sich der 1217 gegründete Convento de São Francisco da Cidade befindet – in diesem Gebäude sind die Nationalbibliothek, die Kunstschule und das Museum für zeitgenössische Kunst sowie der Governo Civil untergebracht, dessen Vorderseite jedoch auf die Rua Capello hinausgeht.

Die *Escola de Bellas Artes* im ersten Stock wurde 1837 eröffnet, und dort werden Zeichnung, Malerei, Bildhauerei, Radierung, Architektur usw. unterrichtet. Einige Künstler – Columbano, Carlos Reis, Salgado, Luciano Freire – haben ihre Ateliers hier.

Das Nationalmuseum für zeitgenössische Kunst umfaßt großartige Gemälde und Skulpturen von 1850 bis heute. Es sind Leinwände zu sehen von Cristino da Silva, Bordalo Pinheiro, Miguel Ângelo Lupi, Tomás J. da Anunciação, Alfredo de Andrade, Visconde de Menezes, António Manuel da Fonseca, José Rodrigues, Francisco Metrass, Assis Rodrigues, Vítor Bastos, Simões de Almeida, Alfredo Keil, Moreira Rato, Silva Porto, Bonnat, António Ramalho, Alberto Besnard, Sousa Pinto, Angel, José Malhoa, Paul Laurens, Condeixa, Carlos Reis, Trigoso, Salgado, João Vaz, Arthur Louieiro, Muñoz Degrain, Sousa Lopes, Constantino Fernandes u.a.; Skulpturen von Costa Mota, Francisco

Santos, Teixeira Lopes, Simões Sobrinho, Moreira Rato, Soares dos Reis, Alberto Nunes, Tomás Costa, Anjos, Teixeira; Zeichnungen von Lupi, António Carneiro, Ramalho, Silva Porto, Bordalo Pinheiro, Sousa Pinto, Vítor Bastos, Sousa Lopes u.a.; Aquarelle von Alves de Sá, Roque Gameiro, Alberto de Sousa, Helena Gameiro, Leitão de Barros, Carlos Bonvalot u.a. Es gibt viel Schönes zu sehen und zu bewundern in diesem Museum, das angemessen eingerichtet ist.

Die *Biblioteca Nacional* (Nationalbibliothek) befindet sich im zweiten Stockwerk. Sie wurde 1796 unter dem Namen *Real Biblioteca Publica da Côrte* (Königliche Hofbibliothek) gegründet mit Büchern aus der Bibliothek des Zensurbüros, was bedeutet, daß die Bücher den Jesuiten und der Academia Real de História gehörten. Die Bibliothek wurde nach und nach durch Schenkungen und Käufe erweitert. Sie besteht aus 11 Räumen und 14 Gängen auf zwei Stockwerken und umfaßt 360 000 Bände. Am Eingang stehen eine Statue Königin Marias I., geschaffen von Machado de Castro, und Büsten von Castilho (geschaffen von José Simões de Almeida) und Dom António da Costa. Die farbig glasierten Kacheln *(azulejos)* aus dem 16. Jahrhundert sind sehenswert, sie gehörten früher zu der Kapelle Senhora da Vida in der Kirche Santo André, die nicht mehr existiert.

Auf dem unteren der beiden Stockwerke sind die

Leseräume für private Forschungen und öffentliche Lesungen, der Katalograum sowie der Zeitungsraum und der Raum mit Rezensionen. Auf dem oberen Stockwerk sind die Druckerei, die Büros, die Radierwerkstätte und der sehr wichtige Leseraum für unter Verschluß gehaltene Bücher untergebracht, wo die selteneren Werke, wahre bibliographische Rara, einige einzigartige Kopien, Musterbeispiele besonderer Bindungen und Illustrationen, Manuskripte, Münzen und viele handgeschriebene Dokumente aller Arten stehen, die alle zusammen eine bibliographische Sammlung bilden, die der größten Sorgfalt wert ist. Und es ist nur gerecht anzumerken, daß die Bibliotheksabteilung wie auch alle anderen Abteilungen jetzt mit Sorgfalt und Wachsamkeit bedacht werden. Die Bibliothek ist heute bemerkenswert sauber und gut eingerichtet, insbesondere, wenn man in Betracht zieht, daß das Gebäude nicht das geeignetste für diesen Zweck ist. Die Bibliothek hat kürzlich einen schon lange notwendigen und sehr dringlichen Fortschritt gemacht, besonders seit Dr. Jayme Cortesão, ein bekannter Dichter und Autor, zum Chefbibliothekar ernannt wurde.

Der Besucher kann auch die Bibelabteilung sehen (die eine der beiden noch existierenden Erstausgaben der Gutenberg-Bibel besitzt), die Marine- und Übersee-Archive, welche Karten und Diagramme umfassen, den Katalograum, die Bibliothek, einschließlich

des Oratoriums des Convento do Varatojo, der sein ursprüngliches Aussehen behalten hat, der Fialho de Almeida-Raum mit seiner Büste (geschaffen von Costa Mota, dem Neffen) u.a.

Es gibt auf dem Dach eine weite Terrasse mit einer sehr schönen Aussicht. Die Bibliothek ist an allen Wochentagen von 11-5 Uhr und von 7 1/2-10 Uhr geöffnet.

Biegt man ein in die Rua Capelo, welche auf der Mitte der Rua Ivens abzweigt, finden wir den Governo Civil (der französischen »Prefecture« gleich). In diesem Gebäude haben das Polizeipräsidium und verschiedene Abteilungen der Polizei und im ersten Stock auch das Paßbüro ihren Sitz.

Ein Stückchen weiter, auf dem Largo do Directório, steht das *Teatro de São Carlos,* 1792 zu Ehren der Prinzessin Carlotta Joaquina de Bourbon auf Initiative verschiedener Lissabonner Kaufleute und Kapitalisten erbaut. Der Architekt ist José da Costa e Silva. Die Arbeit begann am 8. Dezember jenes Jahres, und sechs Monate später war das Theater fertiggestellt. Es wurde am 30. Juni 1793 mit Cimarosas Oper *La Ballerina Amante* eröffnet

Das Theater ist erstklassig, und die größten Stimmen der Welt sind hier zu hören gewesen, wie zum Beispiel Tamagno, Gayarre, Patti, Battistini, Bonci, Barrientos, Caruso, Tita Rufo, Regina Paccini, Francisco

und António de Andrade u.a. Es waren Dirigenten zu sehen wie Saint-Saëns, Toscanini, Mascagni, Strauss, Liszt, Mancinelli, Leoncavallo, Victorino Guy, Tullio Serafin u.a. Das Gebäude selbst mit einem Bogengang über der Terrasse, die den gedeckten Eingang des Theaters bildet, ist sehr interessant. Das Foyer, dessen Decke einst von Cirillo Wolkmar Machado bemalt worden war, schmücken heute nur noch Stukkaturen mit Wappen, Verzierungen und verschiedene Tafeln mit den Daten, an denen eine Oper hier zum erstenmal aufgeführt worden ist, Marmorsäulen und verwandte Ornamente von großer künstlerischer Wirkung.

Das eigentliche Theater mit seinem ovalen Grundriß ist sehr majestätisch und gut durchdacht; die Verzierungen von Manuel da Costa sind rein vergoldet, die Akustik des Raums ganz außergewöhnlich. Es gibt fünf Ränge mit Logen, Galerien und ein geräumiges Parkett, das 600 Personen aufnehmen kann, ohne daß es auf Kosten ihrer Bequemlichkeit geht. Ein großer Kronleuchter mit 10,9 m Umfang und 284 Lampen hängt von der Mitte der Decke. Im zweiten Stockwerk gibt es einen weiteren großen und edel eingerichteten Saal.

Das Teatro de São Carlos, das 166 contos (£ 36 880) kostete und nach Art des Theaters gleichen Namens in Neapel errichtet wurde, welches am 13. Februar 1813 abbrannte, befindet sich seit 1854 im Besitz des Staates. Leider treten dort zur Zeit nur Theater- und keine Opernkompagnien auf.

Wir kommen nun auf die Rua Garrett und fahren hoch zum Largo das Duas Igrejas. Zu unserer Linken steht das Denkmal des Dichters Chiado, wie im Volksmund der Bruder António do Espírito Santo aus dem 16. Jahrhundert genannt wurde, der sein Habit ablegte, um eine Art Verkörperung des ausgelassenen Zeitgeistes zu werden und sich zu einem der Lieblingsvolksdichter zu entwickeln, seine noch vorhandenen Gedichte zeigen beachtliche Fähigkeiten. Seine Statue wurde von dem Bildhauer Costa Mota (dem Älteren) geschaffen; sie wurde auf Befehl des Stadtrates errichtet und am 18. Dezember 1925 enthüllt.

Wir betreten nun die *Praça Luís de Camões,* in deren Mitte das Denkmal des großen epischen Dichters steht, eine Arbeit des Bildhauers Vítor Bastos, 1867 enthüllt. Die Statue ist in Bronze gegossen, und im Sockel zeigen Figuren den Historiker Fernão Lopes, den Chronisten Gomes Eanes de Azurara, den Kosmographen Pedro Nunes, die beiden Historiker Fernão Lopes de Castanheda und João de Barros und die drei Dichter Jerónimo Côrte-Real, Vasco Mouzinho de Quevedo und Francisco de Sá de Menezes. Das Denkmal ist 11 m hoch, und der Platz, auf dem es steht, ist umringt von Bäumen, wo gefiederte Besucherscharen im Winter die Pflichten der Blätter erfüllen.

Wenn wir ein wenig die Rua do Alecrim hinunterfahren, finden wir auf dem Largo do Barão de Quintela die Statue des Romanciers *Eça de Queiroz*, geschaffen von Teixeira Lopes, 1903 enthüllt. Die Hauptfigur, in Marmor, repräsentiert die Wahrheit – eine nackte Frau wird dürftig mit einem Schleier verhüllt. Dahinter überragt die Büste des Autors diese Figur. In den Sockel ist ein Satz des großen Autors eingraviert, der dem Bildhauer als Inspiration diente – »Über die nackte Kraft der Wahrheit den durchscheinenden Mantel der Phantasie«.

Lassen Sie uns nun umkehren und zur Rua Garrett zurückfahren; ein wenig abseits, beim Hinauffahren zu unserer Linken, liegt der Largo do Carmo, wo einst der *Convento do Carmo* stand, ein Kloster, 1389 von dem großen Condestável Dom Nuno Alvares Pereira gestiftet, in Erfüllung eines Gelöbnisses, geschworen bei der Schlacht von Aljubarrotta. Der Stifter legte dort sein Gelübde ab, starb dort und wurde dort auch begraben. Später wurde er in die Igreja de São Vicente verlegt, wo seine sterbliche Überreste jahrelang verblieben. Im März 1918 wurden sie ins Kloster Jerónimos überführt, von wo sie wiederum in die Kleine Kirche des dritten Karmeliterordens umgebettet wurden, wo sie sich auch heute befinden.

Die Kirche des Convento do Carmo war eine sehr bemerkenswerte Kirche. Sie hatte drei beeindruckende, majestätische Seitenschiffe, die zum Teil durch das große Erdbeben zerstört wurden.

Über die Hälfte des früheren Klostergebäudes dient heute als Hauptkaserne für die Republikanergarde. Die alte Kirche und einige angrenzende Gebäude bilden heute das *Museu Arceológico* (Archäologisches Museum), dort befinden sich Grabmäler, Statuen, heraldische und andere Inschriften, Tonwaren, Münzen usw. Besondere Aufmerksamkeit sollte man dem Taufbecken aus dem 14. Jahrhundert schenken, über dem die Söhne Königs João I. getauft wurden, dem maurischen Becken des Klosters Penha Longa, einem Steinbecken, welches von Azamor hierhergebracht wurde, einer Marmorstatue der Königin Maria I., ausgeführt von José António de Aguiar für ein Denkmal, das nie errichtet wurde, dem Steinkreuz von São Lázaro, den Grabmalen von Rui de Menezes, Dona Isabel de Lima, Gonçalo de Sousa und São Frei Gil, einem Fenster von dem Kloster Jerónimos, einer Statue von São João Nepomuceno, dem Grabmal König Dom Fernandos, den aus dem 16. Jahrhundert datierenden *Azulejos* aus den Klöstern von Chelas und Santo Elói, einem Holzmodell des Grabes des Condestável, das bei dem großen Erdbeben zerstört wurde, und auch vielen Münzen, Medaillen und anderen Objekten, worunter sich auch zwei Mumien befinden. Der Haupteingang, geschaffen aus einer Schwelle, dar-

über sechs Bögen, ist einer der prächtigsten seiner Zeit. Diesem Museum ist zur Zeit die Associação dos Arqueólogos angeschlossen. Das Museum selbst ist geöffnet an allen Wochentagen von 11-5 1/2 Uhr außer montags. Der Eintritt beträgt nur einen Escudo.

Unser Automobil fährt nun zur Igreja de São Roque auf dem Largo Trindade Coelho. Diese Kirche stammt aus dem späten 16. Jahrhundert, der Architekt ist Filipe Terzi. Sie wurde nach dem Großen Erdbeben wiedererbaut. Das Innere des Gotteshauses ist interessant, insbesondere wegen der Holzdecke, 1588 bemalt, wegen der Mosaikarbeiten im Marmor, wegen der Kachelbilder und der vergoldeten Einlegearbeiten, wegen der prächtigen Gemälde von Bento Coelho da Silveira, Gaspar Dias, Vieira Lusitano und anderen und wegen der verschiedenen Grabmale, unter anderen jene von Dom António de Castro, Sohn des Dom João de Castro (1632), Dr. Francisco Soares (1617), Dom Tomás de Almeida, dem ersten Bischof Lissabons, und Pater Simão Rodrigues (1579), der in Portugal den Jesuitenorden einführte.

Aber das wichtige – nein, einzigartige – an dieser Kirche ist die *Capela de São João Baptista,* die in Rom im Auftrag König Joãos V. geschaffen und dort von Papst Benedikt XIV. 1744 geweiht und 1749 in die Kirche eingepaßt wurde. Sie ist nicht nur wegen ihres materiellen Wertes bemerkenswert, sondern auch wegen ihres künstlerischen. Es gibt wohl keine andere vergleichbare Kapelle dieser Art. Die architektonische Arbeit stammt von dem gefeierten italienischen Architekten Salvi e Vanvitelli, von dem auch die prächtigsten Arbeiten dieser Art in seinem eigenen Land stammen. Zur Ausführung dieser Arbeit trugen die führenden Künstler der Zeit in Bildhauerei, Mosaik, Metallarbeit und anderen Künsten bei.

Die Kapelle ist ein Werk höchster Kunst mit üppigen Verzierungen in Marmor und Bronze; der erstere hat eine wundervolle Farbabstufung, die letztere findet sich in allen möglichen Arten von Ornamenten, Emblemen, königlichen Wappen, Monogrammen usw. Der Altar ist ein künstlerisches Wunder, bei dem die prächtigsten und vielfältigsten italienischen Steine zur Geltung gebracht wurden. Das Ergebnis ist eine Gesamtwirkung, welche die Erinnerung an einen König aufrechterhält, der wußte, was es bedeutet, ein Künstler zu sein.

Außer der Arkade am Eingang und dem Beichtgestühl lohnt es sich, die Bilder von Moretti – *Baptismo de Cristo, Pentecostes* und *Annunciação* – zu betrachten, die nach den Skizzen Massuccis in Mosaik gearbeitet sind. Die Nebentüren und das Portal sind nicht weniger schön.

Der kunstsinnige Reisende sollte seine Aufmerksamkeit den prachtvollen verzweigten Kerzenstän-

dern schenken, sie sind – aus Silber und Bronze getriebene – Meisterwerke solcher Künstler wie Simone Miglie, Ricciani und Pietro Werschaffelt – aber auch dem Altaraufbau, welcher aus sechs Kerzenhaltern und einem Kreuz aus vergoldeter Bronze gefertigt wurde.

Wir wenden uns nun dem Museum zu, das an die Kirche anschließt. Es umfaßt eine unschätzbare Sammlung von Möbeln und Ziergegenständen, die Teil der Kapelle sind, die wir gerade besucht haben. Zu finden sind Weihrauchfässer, Reliquien, Kruzifixe usw. in einer angehäuften Großartigkeit von Goldschmiedearbeiten, deren Besitz sich kein anderes Land rühmen kann. Der Reisende sollte es sich auch nicht nehmen lassen, die beiden großartigen silbergetriebenen Fackelständer zu bewundern, Arbeiten des berühmten Giuseppe Gagliardi, die nur ein einziges Mal das Museum verlassen haben; sie spielten eine Rolle bei dem Begräbnis von Dr. Sidónio Pais, jenes unglückseligen Präsidenten der Republik, der im oberen Stockwerk des Rossio-Bahnhofs in der Nacht des 14. Dezember 1918 ermordet wurde, gerade als er den Expreßzug nach Norden besteigen wollte. Jeder Fackelständer wiegt ungefähr 380 Kilogramm und ist 2,85 m hoch.

Die Kapelle São João Baptista kostete 225 000 Pfund in guter Goldmünze, zu allen Zeiten eine außergewöhnlich hohe Summe und noch mehr zu jener Zeit, in der diese erbaut wurde.

Das Museum ist der Öffentlichkeit an jedem letzten Sonntag im Monat zugänglich, aber es kann täglich besichtigt werden, sofern man bei der Kirche um Erlaubnis nachsucht. Es gibt einen beschreibenden Katalog von Sousa Viterbo und R. Vicente de Almeida zu dieser Kirche.

Wir treten aus der Kirche heraus, wenden uns nach rechts, und ein Stück weiter finden wir São Pedro de Alcântara, eine Esplanade, von der aus man einen der schönsten Rundblicke auf die ganze Stadt hat. Von hier aus sieht man die verschiedenen Hügel des östlichen Teils Lissabons – Castelo, Graça, Senhoro do Monte, Penha de França –, einen großen Teil der Unterstadt und über den breiten ruhigen Fluß bis hinaus nach Barreiro, Alcochete usw. am südlichen Ufer. Bei Nacht ist dieses Panorama nicht weniger sehenswert. Beim Verlassen dieser Esplanade mit einem reichen Baumbestand und einem kleinen Denkmal für den Journalisten Eduardo Coelho, gehen wir die Steintreppe hinunter und finden uns wieder in einer Art Untergeschoß der Esplanade – einem prächtigen Garten mit exotischen Bäumen, Statuen, Teichen und einer öffentlichen Bücherei. Es ist ein idealer Ort der Ruhe und Meditation.

Beim Hinauffahren zur Rua D. Pedro Quinto sehen wir alsbald einen weiteren Park auf der Praça Rio de Janeiro; es ist aufgrund seiner sorgfältigen Planung und der Sorgfalt, mit der er gepflegt wird, einer der prachtvollsten Gärten Lissabons. Dieser besitzt einige schöne Bäume, der bemerkenswerteste ist eine Zeder, deren Zweige, gestützt auf ein Eisengestänge, genügend Fläche für ein paar hundert Leute beschatten. Unter dieser prächtigen Zeder ist eine weitere Bibliothek errichtet. Es ist eine von den sechs, die der Stadtrat, einer glücklichen Eingebung eines seiner Mitglieder, Alexandre Ferreira, folgend, in den Gärten Lissabons verteilt hat. Zur Linken steht das Denkmal França Borges, eines berühmten Journalisten. Das Denkmal stammt von dem Bildhauer Maximiano Alves und setzt sich aus mehreren übereinanderliegenden rauhen Steinen zusammen, zu deren Rechten sich eine weibliche Figur befindet, welche die Republik symbolisiert, die zärtlich das Antlitz des großen Propagandisten betrachtet. Dieses Denkmal wurde am 4. November 1925 enthüllt; seit damals trägt der Garten den Namen dieses Demokraten, dessen Denkmal hier aufgestellt ist.

Gehen wir weiter geradeaus, sehen wir auf der rechten Seite das Gebäude der Escola Politécnica (Polytechnischen Hochschule), wo die Fakultät der Naturwissenschaften ihren Sitz hat. Das Gebäude wurde 1844 auf dem Boden des Novizenhauses der Jesuiten errichtet.

In einigen Gebäuden, die sich an die Escola anschließen, wurde das *Museu Bocage* (das Zoologische Museum) untergebracht. Das Museum ist einen Besuch wert, denn es enthält einige seltene Arten. In der Sala Portugal gibt es einige beachtenswerte Fische; einen seltsamen 8,4 m langen Fisch mit einem Umfang von 3,6 m, der von König Carlos am Paço de Arcos gefangen wurde. Vertreten ist auch eine an der Küste von Peniche gefangene Riesenschildkröte. Auf die Sala Portugal folgt die Sala da África Portuguesa mit einer sehr wichtigen und reichhaltigen Sammlung; darauf der Raum mit den Säugetieren mit einer recht ansehnlichen Zahl von Exemplaren aus der ganzen Welt; dann der Raum der Vögel, der Raum der Wirbellosen, der Raum der Skelette und andere mehr. Die Zahl der Tiere, die Säugetiere, Vögel, Reptilien, Fische usw. umfaßt, beträgt über 20000, und es gibt mehr als 50000 Insekten. Die Muschelsammlung, die äußerst umfangreich ist, sollte man auch nicht übergehen.

Da das Gebäude zur Zeit intensiven Reparaturen unterzogen wird, gibt es keinen festen Besuchertag, aber wer bei der zuständigen Behörde nachfragt, kann das Museum täglich zwischen 12 1/2 und 6 1/2 Uhr besichtigen.

Das Museum ist im ersten Stock des Gebäudes untergebracht, im Erdgeschoß befinden sich das Botanische Museum und das Museum für Geologie und Mineralogie. Das letztere ist besonders beachtlich, eines

seiner interessantesten Exponate ist ein großer Block einheimischen Kupfers, welcher teilweise mit Rotkupfererz bedeckt ist und 1224 Kilogramm wiegt. Das Kupfer stammt aus dem Fluß Mamocabo nahe der Stadt Cachoeira, 120 km von Baía (Brasilien) entfernt ,und wurde bereits 1792 nach Portugal gebracht.

An das Gebäude schließt sich ein Park an, der einer der malerischsten Lissabons, ja sogar Europas ist, zumindest waren schon viele Fremde dieser Meinung. Er besitzt Beispiele von Pflanzenarten aus allen Regionen der Welt und liegt an einem Hang, was einer seiner hervorragendsten Pluspunkte ist, denn dank der Neigung läßt sich die größtmögliche Wirkung erzielen und die reichhaltige Vegetation, die überall sprießt, am besten zur Geltung zu bringen; sie verleiht dem hier Versammelten einen dem Garten Eden gleichen Reichtum. Der Park verfügt über mehrere Teiche, Kaskaden, Bäche, Brücken, Labyrinthe, ein prachtvolles Gewächshaus usw. Im oberen Teil steht die Wetterwarte *(Observatório Meteorológico)*, benannt nach dem Infanten Dom Luís und 1863 eingeweiht, und auch die Sternwarte *(Observatório Astronómico)*.

Der Reisende kann, wenn er es wünscht, geradeaus durch den Garten hindurchgehen, wo er durch den unteren Eingang an der Praça da Alegria herauskommt und dann zur Avenida da Liberdade weitergehen kann; aber wir treten wieder an der Rua da Escola Politécnica hinaus, wir wollen eine andere Route nehmen und kommen ein paar Meter weiter an der Imprensa Nacional (Staatliche Druckerei) vorbei. Dieses Gebäude hat überhaupt nichts Bemerkenswertes an sich, aber es ist groß und für seinen Zweck perfekt eingerichtet. Die Setzerei und Druckabteilungen sowie auch die Gießerei sind gut ausgestattet. Alle offiziellen Publikationen werden hier gedruckt. Die Imprensa Nacional hat in den letzten Jahren große Fortschritte gemacht, was sie der Verwaltung ihres fähigen Direktors verdankt. Im Gebäude finden sich einige Ölgemälde, die einst zu der Casa Literária am Arco do Cego gehörten, und eine Bibliothek mit mehreren tausend Bänden.

Wir fahren weiter und erreichen, nachdem wir am Largo de São Mamede und am Palast der Duques de Palmela, zu unserer Rechten, vorbeigekommen sind, die Praça do Brasil, wo verschiedene Straßenbahnlinien aufeinandertreffen. Von diesem Platz aus fahren wir weiter, die Rua de São Filipe Nery entlang und kommen auf die Rua des Artilharia Um, an der sich auf der linken Seite die Kasernen befinden, wo einst die Erste Artillerie stationiert war, nach welcher diese Straße benannt wurde. Die Kasernen werden heute von der Republikanergarde belegt. Auf der rechten Seite erstreckt sich das ausgedehnte Areal des Parque Eduardo VII. Auf diesem Gelände verschanzte sich am 5. Dezember 1917 Sidónio Pais mit mehreren Regimentern

der Lissabonner Garnison und stürzte die »demokratische« Regierung, in welcher Norton de Matos Kriegsminister war. Andere revolutionäre Bewegungen von weniger wichtiger Bedeutung haben ebenfalls diese strategisch wichtige Anhöhe als Ausgangspunkt gewählt, denn sie beherrscht Lissabon und den Fluß.

Wir kommen nun auf die Rua Marquês da Fronteira und kommen an dem alten *Penitenciária*, dem Gefängnis, vorbei, die jetzt Cadeia Nacional de Lisboa heißt. Das Gebäude wurde von dem Ingenieur Ricardo Júlio Ferraz entworfen, und der Bau wurde 1874 begonnen. Die Vorderseite hat im mittleren Teil zwei Türme, und der Grundriß des Gebäudes hat die Form eines Sterns mit mehreren Flügeln, die an einem zentralen Punkt zusammentreffen, und ist leicht zu überwachen. Es ist ein großes Gebäude mit 474 Zellen und des weiteren 22 Krankenzimmern, 12 Bestrafungszellen und 26 Werkstätten für verschiedene Handwerke, deren Arbeiten von wichtigen Firmen abgekauft werden. Es gibt eine Abteilung, die für den Verkauf dieser Produkte an die Öffentlichkeit zuständig ist. Zudem verfügt das Gefängnis über ein sehr kurioses Museum, dessen Sammlung aus den seltsamsten und verschiedenartigsten Waffen besteht, mit denen Verbrechen begangen worden sind, von Gewehren und Karabinern bis hin zu Messern aller Art und Werkzeugen, die nicht zu dem ausdrücklichen Zweck Leben zu nehmen bestimmt

sind. Das Penitenciára kann an Sonntagen von 9 Uhr bis mittags besucht werden, aber auch an anderen Tagen ist es nicht schwierig, eine Erlaubnis zur Besichtigung des Gebäudes zu bekommen, welche man an Ort und Stelle beantragen muß.

Ist der Reisende einmal bis hierher gekommen, sollte er es sich nicht nehmen lassen, das prachtvollste Vergnügungsareal Lissabons zu besuchen – den Parque Eduardo VII., der bereits erwähnt wurde und der sich auf dem weitläufigen Gelände vor dem Penitenciára befindet. Das Gewächshaus im Park ist eine großartige Arbeit, auf die Lissabon stolz sein kann, und es ist in der Tat seltsam, daß ein Teil der Bevölkerung der Hauptstadt seiner Existenz keine Beachtung schenkt und es erst recht nicht besucht. Dennoch ist diese fast unbekannte Ecke ein Wunder kühlen Entzückens, wo die Natur uns viele ihrer auserlesensten Exemplare an dekorativen Pflanzen zeigt und wo die Kunst demütiger Künstler, dennoch ihrerseits mit bescheidenem Genius, unsere Augen mit sorgfältigem Grün und Blumen entzückt. Das Gewächshaus beherbergt Tausende von Exemplaren exotischer Pflanzen, deren Wert sich nicht so einfach schätzen läßt. Das Gewächshaus ist für die Öffentlichkeit an Sonn- und Feiertagen von 8-7 Uhr geöffnet. An Wochentagen ist es von 8-5 Uhr geöffnet, der Eintritt ist frei.

Kehren wir nun zu der gleichen Straße zurück, bie-

gen wir nach links ab und fahren hinunter nach Campolide, dann sehen wir den *Aqueduto das Àguas Livres,* ein Musterexemplar alter Ingenieurskunst, welches immer noch ein Objekt der Bewunderung darstellt. Der Aquädukt ist in der Tat ein gigantisches Werk von einer Gesamtlänge von 59 838 m (mitsamt seiner Verzweigungen), von denen 4650 unterirdisch verlegt sind. Es gibt 109 Bogen mit 137 Dachbogen, und der wichtigste Teil ist jener, der in Campolide über den Fluß Alcântara führt. Dieser Teil ist 941 m lang und hat 35 Bogen, der Mittelbogen erreicht eine Höhe von 65,29 m und eine Breite von 28,86 m.

Der Aquädukt, ein wahres Nationaldenkmal und in ganz Europa vielleicht das bemerkenswerteste seiner Art, hat schon immer seitens der Fremden großes Interesse hervorgerufen und einhelliges Lob geerntet, was nur verdient ist. Der Bau wurde 1729 begonnen und sollte 20 Jahredauern. Das Vorhaben ist Manuel da Maria und Custodio Vieira zu verdanken, das ganze Werk kostete 13 Millionen Cruzados – etwa eineinhalb Millionen Pfund, zu der Zeit eine gewaltige Summe. Früher war er der Öffentlichkeit zugänglich, doch wurde er nach einigen Selbstmordversuchen und hier verübten Verbrechen geschlossen. Man kann ihn trotzdem besichtigen, wenn man bei den Wachen um Erlaubnis nachsucht. Wie man sich leicht vorstellen kann, ist der Blick von dort bewundernswert.

Wir haben den Aquädukt von vorn gesehen. Hinter ihm, am Talende, liegt der Hügel Serra de Monsanto, der von einem Fort gekrönt wird, das nun als Gefängnis dient und als wichtigste Sendestation des kontinentalen Portugals. Wir nehmen die Rua General Taborda, dann die Rua Ferreira Chaves und haben auf unserem Weg seitlich einen sehr schönen Blick auf den Aquädukt und Serra.

Wir folgen der Rua Conde das Antas hinauf und der Rua das Amoreiras hinab, bis wir die Rua Silva Carvalho erreichen, die rechter Hand liegt. Wir folgen ihr bis zur Rua da Estrela, an der der Eingang zum Englischen Friedhof und das Englische Hospital liegen. Wenn wir uns rechts halten, durch die Rua Saraiva de Carvalho und die Rua Ferreira Borges überqueren, erblicken wir die Anhöhe des Deutschen Friedhofs und etwas weiter hinten, gegen den Horizont zu, den Prazeres-Friedhof. Wir wenden uns an der Kreuzung der beiden Straßen nach links und fahren in Richtung Largo da Estrela weiter. Wenn wir so zur Rua da Estrela zurückkehren und ihr hinab folgen, stehen wir vor dem Seiteneingang des *Jardim da Estrela* (dem Estrela-Park), einem der wohl gepflegtesten Gärten der Stadt. Der Park wurde 1842 eröffnet und zeigt einige sehr schöne Exemplare exotischer Flora, eine schöne Anzahl kleiner Seen, eine Grotte, ein Treibhaus, einen Freiluft-Lesesaal, einen Musikpavillon,

Vergnügungen für Kinder, einen Erfrischungsstand, einen künstlichen Hügel, Statuen, aus Steingut geformte Tierfiguren von Bordalo Pinheiro etc. Die Statuen: *Der Grabende* von Costa Mota (dem Onkel), *Erwachen* von Simões de Almeida (dem jüngeren), *Die Tochter des Königs mit Enten* von Costa Mota (dem jüngeren) und *Die Fontäne* von Maria da Glória Ribeiro da Cruz.

In der Nähe des Parks steht das Militärhospital, das ein großes, prächtiges Gebäude belegt, welches einst den Benediktinerbrüdern gehörte.

Dem Haupteingang des Parks gegenüber steht die schöne *Basílica da Estrela,* ein majestätisches Gotteshaus, das auf Befehl von Königin Maria I. erbaut wurde und der Verehrung des Herz Jesu geweiht ist *(Coração de Jesus).* Sie wurde von 1779 bis 1790 errichtet, die Architekten waren Mateus Vicente und Reinaldo Manuel.

Die Basílica da Estrela, ihre Front mit den Nischen und großen Statuen bietet einen sehr prächtigen Anblick, besitzt zwei hohe wohlproportionierte Türme mit großen Glocken. Auf dem Dach der Kirche befindet sich eine riesige Terrasse, von der man einen weiten Rundblick über die Stadt hat. Die wahrhaft schönste Aussicht von hier genießt man aber erst von der Kuppel aus, die sich am Ende der Terrasse erhebt und zu der wir über eine Treppe aus 212 Steinstufen em-

porsteigen. Von der Galerie, die die Kuppel abschließt, erblickt man den Fluß an seiner breitesten Stelle und einige der größeren Dörfer am südlichen Ufer.

Das Innere der Kirche ist ebenfalls beachtlich. Es gibt Standbilder von Machado de Castro und Gemälde von Pompeo Batoni, die die Prinzessinnen Maria Benedita, Schwester der Königin und Stifterin der Kirche, und die Prinzessin Mariana zeigen. Ebenso enthält die Kirche die Sarkophage von Königin Maria und eine Kindermumie, die 1791 als Geschenk Papst Pius' VI. aus den Katakomben Roms hierhergebracht wurde.

Rechts von der Basilika liegen ein Bauwerk, in dem sich der Hauptsitz des Geodätischen Instituts befindet, sowie einige weitere Gebäude des Militärhospitals, das wir bereits erwähnten.

Wir sollten nun die Calçada das Necessidades entlangfahren, den Largo do Rilvas überqueren und kommen so zum *Palácio das Necessidades*, einem großen Palast, in dem die portugiesischen Könige residierten und viele Oberhäupter fremder Staaten als Gäste empfingen. Das Bauwerk wurde 1745 errichtet, der Architekt war Caetano Tomás de Sousa; zu seinem Bau brauchte man nur 5 Jahre. Hier hatten König Carlos und seine Königin Dona Amélia de Orleans gelebt, später König Manuel. Der größte Teil der sehr wertvollen Inneneinrichtung des Palastes wurde nach der

Ausrufung der Republik in das Museum für Alte Kunst und in andere Paläste transferiert, aber es befindet sich hier immer noch viel Sehenswertes – Gemälde, Portraits, Intarsien, Gold- und Silberschmiedearbeiten, die Kapelle mit Statuen von Giusti und José de Almeida sowie prächtige Möbel und Schmuckstücke, die großartigen Gärten und der weitläufige Park mit exotischen Bäumen und Sträuchern, Teichen, Statuen etc.

Der Palácio das Necessidades wird nun (im vorderen Teil) vom Ministerium des Äußeren eingenommen, das nach der Gründung der Republik hierhin verlegt wurde, und (im hinteren Teil) von den Stabsbaracken der 1. Division, der Zugang hierzu findet sich im Largo do Rilvas.

Wir sollten nach Alcantara fahren und, nachdem wir die Eisenbahnlinie kreuzen, die Calçada da Tapada hinab, bis wir vor dem Tor der *Tapada da Ajuda* stehen. Mit Automobil beträgt der Eintritt 1,50 Escudos, mit Kutsche 1, mit Motorrädern und Pferden 50 Centavos, für eine Person 30. Beim Eingang steht die Büste des Agrarökonomen Ferreira Lapa. Auf der Anhöhe ist die Höhere Landwirtschaftliche Anstalt *(Instituto Superior de Agronomia)* untergebracht; von dort erblicken wir das Ufer des Tejo, den Necessidades-Park, den Prazeres-Friedhof etc. Im Tapada liegen außerdem das Nationale Landwirtschaftsmuseum und die 1861 von König Pedro V. errichtete Sternwarte.

Wir verlassen den Tapada durch das Tor zur Sítio do Casalingho; wir fahren bergab und wieder hinauf zum *Palácio da Ajuda*, einem riesigen Gebäude ohne große architektonische Bedeutung, aber trotzdem sehenswert. Das Vestibül enthält mehrere kleine allegorische Figuren von Machado de Castro, Joaquim José de Barros, Amatucci, Faustino José Rodrigues, G. Viegas und José de Aguiar. Die Bilder stammen von Vieira Portuense, Domingos Sequeira und anderen.

Das Innere des Palastes verdient mehr Beachtung. Es enthält sehr schöne Möbel, exzellente Bronzestücke, Keramik und andere Arbeiten, ebenso Gemälde und Wandteppiche von beträchtlichem Wert. Es finden sich schöne Statuen und Spiegel, Kandelaber, kunstvolle Uhren, Teppiche und Vorhänge und eine unendliche Zahl anderer Kleinode, die nicht weniger zu beachten sind. Zwei Räume sind vor allem sehenswert – die Sala de Saxe, wo alles, Wände, Decke, Möbel, die kleinen Figuren gleichen Namens zeigen; und die Sala de Mármore (Marmorsaal), wo alles, Wände, Decke, Boden, mit Marmor ausgelegt ist.

Der Bau dieses wichtigen Gebäudes, das man nur mit entsprechender Genehmigung besichtigen kann, wurde 1802 von dem Architekten Fabri entworfen, begonnen und in der Tat nie zu einem Ende gebracht, der ursprüngliche Plan wurde dabei immer wieder geändert. Dona Isabel Maria, die Regentin des Königreichs,

hat hier ebenso residiert wie Dom Miguel, der hier zum absoluten Herrscher ausgerufen worden ist. Dom Carlos von Spanien hielt sich hier 1833 auf, und als die Republik ausgerufen wurde, lebten hier Königin Maria Pia und Prinz Afonso.

Im Erdgeschoß befindet sich die Bibliothek, die von Marquês de Pombal gegründet worden ist; der große Historiker Alexandre Herculano und der gefeierte Schriftsteller Ramalho Ortigão waren zwei der notableren Bibliothekare. Die Sammlung umfaßt 24000 Bände, darunter viele historische Urkunden, Pergamente, religiöse und diplomatische Aufzeichnungen etc.

Folgen wir der Calçada da Ajuda hinab, erblicken wir zur Rechten den *Jardim Botánico da Ajuda,* der auf Anordnung des Marquês de Pombal hin angelegt worden ist. Hier stehen immer noch Bäume aus dem Jahre 1811. Der Garten ist prächtig, er bedeckt eine Fläche von 3,5 Hektar (ungefähr 9 Morgen) und ist so gelegen, daß man von hier ein schöne Aussicht auf den Tejo genießt. Ein Baum ist über 200 Jahre alt, und seine Krone hat einen Umfang von 42 m. Es gibt viele kleine Seen und Statuen und gepflegte Treibhäuser. Der Garten kann mit entsprechender Erlaubnis besichtigt werden.

Folgen wir der Rua do Jardim Botánico, finden wir auf dem Platz an deren Ende die *Igreja da Memória,* eine Kirche, die auf Befehl von König José I. erbaut

wurde in dankbarer »Erinnerung« daran, wie er 1758 einem Attentat entgangen war.

Die Kirche wurde von dem Architekten João Carlos Bibiena entworfen und ist ganz aus behauenem Stein und poliertem Marmor. Die Apsis enthält ein Gemälde von Pedro Alexandrino, das auf den Anschlag anspielt. Die sterblichen Überreste des Marquês de Pombal wurden 1923 von der Mercês-Kapelle hierhin überführt.

Nur wenige Minuten und wir stehen vor dem großen Bauwerk, dem *Mosteiro* (Kloster) *dos Jerónimos,* einem Meisterwerk aus Stein, das alle Reisenden besuchen und nie vergessen werden. Es ist tatsächlich eines der bemerkenswertesten Monumente der Hauptstadt. Seine Errichtung wurde 1502 von König Manuel I. angeordnet, der Architekt war Boitaca, der noch für andere solch bemerkenswerte Arbeiten in Portugal zeichnet.

Die Fassade mit dem Seitenportal ist von einer architektonischen Vielfalt, die alle erstaunt und entzückt. Es ist ein bewundernswertes Beispiel der Steinmetzkunst, voller Nischen, Statuen, Reliefs, Wappen und Emblemen; die beiden auffälligsten Stücke sind das Standbild von Heinrich dem Seefahrer und, über allen, das Bildnis Unserer Heiligen Mutter von Belém (d.h. Bethlehem), die vor einem Kirchenfenster steht. Die Wirkung dieses monumentalen Portals als Gesamtheit ist von einer höchst erlesenen Harmonie, tief und sanft religiös, und erinnert an die erstaunlichen Hände, die sie formten und hervorbrachten. In dieser Epoche hielten sich die größten Meister der Steinmetzkunst, die einheimischen wie die fremden, in Portugal auf und hinterließen nicht nur im Jerónimos ihre Spuren.

Das 1517 errichtete Westportal verdankt sich dem französischen Künstler Nicolas Chanterenne, der die Renaissance-Architektur in Portugal einführte. Es ist ein herrliches Werk und Zeichen der großen Erfindungskraft des Meisters. Überall bemerkt man das feine Gespür für Proportion und Wirkung, in den Bögen, in den Bändern, in den Wappen und Emblemen, in den kleinen und großen Nischen, die mit Statuen bevölkert sind, in den Figuren und Ornamenten, die den sanften Mystizismus der Zeit widerspiegeln. Die beiden Seitennischen werden von drei weiteren Nischen überragt, deren Plastiken die Geburt, die Verkündung und die Anbetung der Hl. Drei Könige darstellen. In zwei weiteren Nischen knien König Manuel und Königin Maria unter dem Schutz der Hl. Johannes der Täufer und Hieronymus. Die variierten Muster der Bänder, die Plazierung der Statuen, die Einfassungen – all das wurde von gewandten, erfahrenen Händen geplant und ausgeführt, denen die Jahrhunderte auf ewig für die von ihnen geschaffene Schönheit danken.

Betritt man das Gotteshaus, sollte man zuerst die Capela do Baptismo (Taufkapelle) besuchen, die zur Linken liegt; die Sarkophage von João de Deus und Almeida Garrett sind vorläufig hier aufgestellt und sollen in Beichtkammern umgebettet werden, nahe der Stelle, wo die Gebeine von Sidónio Pais ruhen. Diese Beichtkammern befinden sich vorne in der Wand. Links der Vierung liegt die Almeida da Garrett-Kapelle, wo Kardinal Dom Henrique, der König von Portugal, und ihm zur Seite, die neun Kinder von König Manuel I. ruhen. In der Mitte liegt auf dem Boden der erste Stein, mit dem Prinz Luís Filipe am 9. Dezember 1905 den Ort für das Grabmal Almeida Garretts markierte, nach ihm wird die Kapelle seitdem benannt. Und es war genau hier, wo am 21. Dezember 1918 der Leichnam von Dr. Sidónio Pais, dem Präsidenten der Republik, aufgebahrt wurde; ihm waren Tausende von Menschen zum Kloster gefolgt, eine bewegende, die Herzen ergreifende Prozession. Später wurden seine sterblichen Überreste in die Taufkapelle überführt und dann in einer Beichtkammer, der vierten von der Vierung aus gesehen, beigesetzt, wo sie sich heute noch befinden.

Rechts liegt die Sakristei; bemerkenswert in ihrer architektonischen Schönheit und für ihre Gemälde. Wenn wir in die Kirche zurückgehen, finden wir die Capela de São Jerónimo, dessen glasiertes Terracotta-

Bildnis dem gefeierten Luca della Robbia zu verdanken ist. Auf dieses Bildwerk bezieht sich die Anekdote von Philipp II. von Spanien, der, als er ihm von Angesicht zu Angesicht gegenüberstand und seinen wunderbaren Ausdruck bemerkte, ausrief: »No me hablas, Hierónimo?« (»Möchtest du mir nicht etwas sagen, Hieronymus?«)

Lassen Sie uns jetzt die herrlich und prächtig gearbeitete Kanzel bewundern; neben dem Hochaltar, zum Chor hin, ruhen König Manuel I. und Königin Maria Fernanda. Näher zur Kanzel hin liegen sein Sohn König João III. und dessen Königin Catarina Filipa von Kastilien, deren Sarkophage aus Estremoz-Marmor auf je zwei Elefanten ruhen, die aus einem einzigen Block gehauen sind und Zähne aus dem ersten Elfenbein tragen, das von Indien hergebracht worden ist. Der Tabernakel des Hochaltars ist mit Silber beschlagen und wurde 1675 von Pedro II., damals noch Prinz, gestiftet. Der Schöpfer war Gil Vicente. Über dem Tabernakel finden sich herrliche Bilder.

Wir setzen unseren Besuch fort und sehen vor der Almeida Garrett-Kapelle die Grabmale Luís de Camões und Vasco da Gamas, die 1894 unter der Leitung des Bildhauers Casta Mota ausgeführt worden sind. Im oberen Teil dieser Kapelle ist das Grabmal von König Sebastião, ihm zur Seite liegen die Söhne von João III. und die Enkel von König Manuel I. In einer

Nische zur Linken von König Sebastião steht das Bildnis des hl. Gabriel, das zur Capela de Nossa Senhora do Desterro gehörte und das Vasco da Gama auf der von ihm befehligten Karavelle mit sich nach Indien führte. Das Gewölbe, das sich über der Vierung erhebt, ist wundervoll und enthält tatsächlich die Bronze-Escudos der Karavellen, die damals nach Indien und Brasilien segelten. Der ganze Innenraum ist aufs schönste gearbeitet, mit Reliefs von einzigartiger Schönheit. Die Gestaltung der Säulen, die das Gewölbe tragen, ist nicht weniger bemerkenswert. Die Zentralsäule der Sakristei verlangt längeres Studium. Von der Sakristei können wir zum Chor oder zum Kreuzgang gehen, wo noch einiges zu besichtigen ist.

Ein Besuch des Jerónimos muß ein ausgedehnter sein, sonst lohnt er sich nicht. Alle Schönheiten sollten ausführlich gewürdigt werden: die Ausarbeitung all der winzigen Details, die Bilder, die Grabmale, die Säulen, die Gewölbe, vor allem die des Querschiffs, das von keiner Säule gestützt wird, die Tafelgemälde, der Chor, von wannen der größere Teil des Innenraums überblickt werden kann, der Kreuzgang, der einer der schönsten der Welt ist, der Kapitelsaal mit den Grabmalen von Alexandre Herculano und dem großen Dichter Guerra Junqueiro, der alte Flügel, wo einst das Dormatorium war, die Capela de Cristo etc.

Im westlichen Teil des Klosters ist die *Casa Pia* un-

tergebracht; sie wurde 1780 gegründet und 1833 hierhin verlegt. Die Casa Pia bezieht ihre Einnahmen aus Stiftungen und einem Teil der Lotterieerlöse. Sie versorgt ungefähr 800 Zöglinge, die verschiedenste Berufe erlernen, und unterstützt andere, die bereits draußen ihr Leben führen, sich aber noch nicht selbst unterhalten können, oder jene, die die Universität oder Technische Schulen besuchen. Unter den Wohltätigkeitsorganisationen Lissabons ist es die älteste und die am besten geführte.

Das *Museu Etnológico* (Völkerkunde-Museum) ist im letzten Flügel dieses Gebäudes untergebracht, es ist an jedem Werktag außer Montag von 11-5 Uhr der Öffentlichkeit zugänglich, wurde 1893 gegründet und 1903 hierhin verlegt. Es enthält wertvolle archäologische, anthropologische und ethnologische Sammlungen.

Unser Automobil beschleunigt nun durch die Rua Bartolomeu Dias, biegt hinunter in die Travessa da Saúde, überquert die Bahngleise, passiert die Front des Bom Successo Forts und nähert sich dem *Torre de Belém.* Dieser ist ohne Zweifel eines der schönsten Denkmäler Lissabons und eine der eindrücklichsten Erinnerungen an die Macht des Heeres und der Marine Portugals. Dieses Wunder morgenländischer Architektur wurde auf der Praia do Restelo errichtet, an der berühmten Stelle, von der aus die Schiffe den großen

Entdeckungen entgegensegelten, und war dazu gedacht, den Fluß und die portugiesische Hauptstadt zu verteidigen. König Manuel I. hatte den Bau befohlen; der Turm wurde direkt im Fluß errichtet, die Pläne verdanken wir dem großen Meister einer »Seiden«-Architektur Francisco de Arruda. Begonnen wurde 1515, sechs Jahre darauf war man fertig. Später senkte sich der Flußpegel an diesem Punkt, so daß der Turm nun fest mit dem Ufer verbunden ist. Hier starb Dom Pedro da Cunha, der Vater von Dom Rodrigo da Cunha, Bischof von Porto; er wurde eingekerkert, weil er den Abt von Crato verteidigt hatte, der während der ersten Jahre der spanischen Herrschaft Ansprüche auf den Thron erhoben hatte. Außer ihm hatte man hier noch weitere Adlige des Königreiches eingesperrt.

Von außen gesehen ist der Turm von Belém ein steinernes Juwel, und mit Verblüffung und wachsendem Wohlgefallen wird der Fremde seine seltsame Schönheit entdecken. Es ist Seide, und welch feine Seide, die in diesem Steinwerk so weiß schimmert und denen, die an Bord eines Schiffes in den Fluß einfahren, ins Auge springt. Das Innere ist aber nicht weniger wunderbar; und von seinen Balkonen und Terrassen aus hat man einen Blick auf den Fluß und dahinter das Meer, den man nicht so leicht vergißt.

Überqueren wir die Zugbrücke, finden wir uns im ersten Stock des Turmes wieder, der für die Geschütze gedacht war. Einige Gitter vermitteln uns einen Eindruck davon, wie die Gefängniszellen ausgesehen haben müssen, in die diese kärglichen Öffnungen nur zweifelhaftes Licht durchließen. Es gibt fünf unterirdische Zellen, die niemand länger betreten hat; man erreicht sie über eine Treppe mit 35 Stufen. Bevor man diese Kammern als Zellen nutzte, hatten sie als Pulvermagazine gedient.

Im zweiten Stock waren die Waffenkammer und die Amtsstuben, auf dem dritten der Königssaal (Sala Régia) mit einem großartigen Balkon und wunderbar geformten Säulen; auf dem vierten ist der Speisesaal, von draußen kann man auf Bodenhöhe die Löcher erkennen, durch die im Falle eines Angriffs auf das Fort geschmolzenes Blei hinabgeschüttet worden wäre; das fünfte Stockwerk war dem Hof vorbehalten, und genau hier hat man vor kurzem einen Gedenkstein für den großen Flug Lissabon–Rio de Janeiro angebracht, den Gago Continho und Sacadura Cabral 1922 unternommen haben. Es gibt noch einen sechsten Stock, die Plattform, die man nach 123 Stufen erreicht, den Blick von dort oben mag man sich vorstellen.

Kehren wir nun zurück. Wir folgen dem Flußufer, vorbei an dem Dock mit dem Marineflugzentrum (Centro de Avinção Naval); nach einigen Minuten passieren wir die Front von Jerónimos und finden uns in der *Praça Afonso de Albuquerque* wieder, ein weiter

Platz mit Gärten, in dessen Mitte ein Denkmal für diese große historische Gestalt steht, einer der größten unter den Vizekönigen von Indien und der Begründer des modernen Imperialismus. Das Denkmal wurde mit Hilfe des Erbes erbaut, das der Historiker Luz Soriano hinterlassen hat; es ist im manuelinischen Stil gehalten und sehr hoch. Der Sockel zeigt in Basreliefs die Niederlage der Mohren in Malaca, den Empfang des Botschafters des Königs von Narcinga, die Entgegnung Albuquerques auf das ihm gebotene Geld sowie die Übergabe der Schlüssel von Goa, daneben vier Hochreliefs von Karavellen, Galeonen und andere Darstellungen. Auf der Spitze der Säule steht das Bronzestandbild des großen Vizekönigs. Die Statue wurde im Heeresarsenal gegossen. Das Monument ist dem Architekten Silva Pinto und dem Bildhauer Costa Mota zu verdanken und wurde 1902 enthüllt.

Genau an dieser Uferstelle wurde 1759 die Adelsfamilie Távora gefoltert und hingerichtet, zusammen mit allen anderen, denen man nachsagte, sie seien an einem geplanten Anschlag auf König Joãos Leben beteiligt.

Auf der aus unserer Sicht linken Seite der Praça Afonso de Albuquerque steht der *Palácio Real de Belém* (Königliche Palast von Belém), heute der offizielle Wohnsitz des Präsidenten der Republik. Hier wohnten einst Königin Maria II. und der spätere König Carlos als Kronprinz nach seiner Verheiratung mit Dona Amélia de Orléans. Einige ausländische Staatsoberhäupter hielten sich hier als Gäste Portugals auf – König Edward VII., König Alfonso XIII., Kaiser Wilhelm II., die Präsidenten Loubet von Frankreich und Hermes da Fonseca von Brasilien (letzerer genau zu dem Zeitpunkt, als in Portugal die Republik ausgerufen wurde), wie auch die Prinzen von Asturias und Amadeus von Savoyen, die Grafen von Paris, d'Eu, der Herzog von Orleans und viele Mitglieder ausländischer Höfe.

In diesem Gebäude finden sich in aller Pracht möblierte Räume mit wunderbaren Gemälden von Columbano, Malhoa, Lenadro Braga, João Vaz etc., hinter ihm erstreckt sich ein wohlgepflegter Garten *(Jardim Colonial)*, und im südlichen Flügel des Gebäudes befindet sich das *Museu dos Coches* (Wagen-Museum), ein wirklich kurioses Museum, das 1905 von Königin Amélia gegründet wurde. Es zeigt 62 höchst kunstreiche Fahrzeuge, Uniformen und Livreen aus der Hofhaltung des Königs, Uniformen der Besatzung der königlichen Schiffe, Zaumzeug, Steigbügel, Sporen, Knöpfe, Drucke, Portraits etc. Es ist den ähnlichen Museen in Versailles und Madrid überlegen und zeigt aus seinem Sammlungsgebiet wunderbare Beispiele portugiesischer Kunst des 17. und 18. Jahrhunderts. Einige der Fahrzeuge sind weggestellt

und können erst gezeigt werden, wenn durch den Bau einer neuen Galerie Platz geschaffen worden ist. Gegenwärtig wird gezeigt:

Im Vestibül: die Kutsche der Senhora do Cabo (Unserer Heiligen Mutter des Kap), die dazu dient, das Bildnis in einer Prozession zum Kap Espichel zu führen – mit silbernen Laternen und Fackelhaltern; drei Sänften im Stil Ludwigs XV. und XIV. mit schönen Gemälden; ein *estafermo,* eine aus Holz und Eisen gefertigte Vorrichtung in Form eines Menschenkörpers, mit einem Schild und einer langen Peitsche. Bei Turnieren diente diese Vorrichtung dazu, die Schnelligkeit des Pferdes und das Geschick des Reiters zu prüfen. Im Vestibül werden außerdem Speere, Lanzen, Schilder, Pferdegeschirr und Satteldecken gezeigt.

Die Halle, die 47 x 17 m mißt, wurde von Francisco de Setúbal und anderen Künstlern ausgeschmückt und enthält Darstellungen der Wissenschaft, des Handels, der Fülle, des Friedens, des Sieges, der ritterlichen Tugend, der Architektur, der Gemäldekunst, der Skulptur, der Musik und mythologischer Sujets; folgende Fahrzeuge werden gezeigt: die Kutsche Philipps II. von Spanien, ein seltenes Exemplar aus dem späten 16. Jahrhundert, das der König bei seinem ersten Besuch in Portugal mit sich führte; die Kutsche von Dona Maria de Sabóia mit wundervollen Gemälden aus der Zeit Ludwigs XIV.; eine Kutsche aus dem späten 17. Jahrhundert, ein sehr schönes Beispiel der Stellmacherkunst; die Kutsche von Dona Maria Anna von Österreich, die Joseph I., Kaiser von Österreich, seiner Schwester, der Braut von König João, schenkte; die Kronenkutsche, die König Pedro II. für die Hochzeit von Dom João fertigen ließ und die das königliche Wappen trägt; die Kutsche von König João V., die der Architekt Vicente Felix de Almeida und der Bildhauer José de Almeida schufen, sie ist mit wertvollen Schitzereien und Gemälden verziert; die Kutsche von Papst Clemens XI., die dieser Pontifex maximus 1715 Dom José schenkte; die Kutsche von Dom Francisco, von der man annimmt, sie sei 1722 gebaut; die Kutsche von Dona Maria Ana Vitória oder die Kutsche mit den Goldsäulen; die Kutsche der Kinder von Palhavã, den unehelichen Kindern von João V.; die Kutsche des Nuntius unter Papst Clemens XI., wunderschön und kühn geformt, die in Rom gefertigt wurde; drei herrliche Beispiele der Wagenbaukunst mit wertvollen Schnitzereien; die Kutsche von Dom José mit bemerkenswerten Schnitzarbeiten; drei Kutschen aus dem späten 18. Jahrhundert mit anmutigen Schnitzereien und Gemälden; die Kutsche von Dona Maria Benedita, ein prächtiges Gefährt, das die Gemahlin von Prinz José benutzte; die Kutsche von Königin Maria, die aus Anlaß der Feierlichkeiten zur Einweihung der Basílica do Coração de Jesus in Lissabon gefertigt wurde; drei

Kutschen von Königin Carlota Joaquina, die 1785 aus Spanien hergesandt wurden; ein Hochzeitsgeschenk von Carlos IV. an seine Tochter; die Krönungskutsche, gebaut in England für König João VI.; fünf leichte Kutschen aus dem 18. Jahrhundert und zwei *chaises* aus der gleichen Zeit.

Haben wir diese großen Ausstellungsstücke aufmerksam betrachtet, die uns einen lebendigen Eindruck vom Leben am portugiesischen Hof jener Zeit vermitteln, sollten wir uns den Schaukästen im oberen Stock zuwenden, wo die kleineren Exponate gesammelt sind. Es gibt auch einen Katalog, den der Verwalter Luciano Freire zusammengetragen hat. Der Eintritt ist frei, das Museum ist außer Freitags täglich von 121/2-41/2 Uhr geöffnet. Mit einer Sondererlaubnis kann es auch vor den Öffnungszeiten besichtigt werden.

Unser Automobil bringt uns nun schnell zum Museum für Alte Kunst *(Museu de Arte Antiga).* Auf dem Weg kommen wir rechts an den Überseekasernen *(Quartel do Ultramar)* vorbei, links am Kolonialspital; etwas weiter, nach dem Santo Amaro-Straßenbahndepot, den Marinekasernen, dem Jardim das Albertas (besser bekannt als Rocha do Conde de Óbidos, unter diesem Namen haben wir ihn bereits besprochen), erreichen wir das *Museu de Arte Antiga,* das im alten Palácio das Janelas Verdes (d.h. grüne Fenster)

eingerichtet wurde, der im 17. Jahrhundert für den Conde de Alvor erbaut worden ist.

Dieses Museum, eines der schönsten Lissabons, wurde 1833 mit Stücken gegründet, die den damals aufgelösten Orden gehört hatten oder aus dem Palast von Königin Carlotta Joaquina stammten. Über Jahrzehnte hinweg, durch verschiedene Stiftungen und Ankäufe, entstand daraus eine Fundgrube wertvoller Kunstwerke, vor allem seit es in der Obhut der jetzigen Kuratoren Sr. José de Figueiredo, einem wohlbekannten Kunstkritiker, und Sr. Luciano Freire ist, einem nicht weniger bekannten Meister der Kunst. Die Grupo de Amigos do Museu (Verein der Museumsfreunde), die erst kürzlich auf Initiative der Kuratoren gegründet worden ist, hilft dem Museum sehr. Die Bibliothek, die Sr. José de Figueiredo einrichtete, umfaßt schon über 3 000 Bände aus allen Bereichen des Fachgebiets.

Das Museum besitzt viele herrliche Werke alter Meister verschiedenster Schulen – der italienischen, spanischen, englischen, deutschen, flämischen wie portugiesischen – und wurde erst kürzlich um einige schöne Bilder aus der Sammlung des Dichters Guerra Junqueiro, eines feinsinnigen *connaisseurs,* bereichert.

Ist die Gemäldesammlung für sich schon beeindruckend, so steht ihr die Porzellansammlung in nichts nach. Die Orientabteilung ist äußerst wertvoll

und enthält chinesisches, japanisches und persisches Porzellan von außerordentlichem Interesse. Es finden sich schöne Beispiele aus Sèvres und Paris, wie auch aus England und Deutschland. Diese Ausstellung befindet sich im Erdgeschoß, das auch persische und indische Teppiche enthält wie auch einheimische aus Arraiolos, Tavira etc.

Gleich am Eingang sehen wir ein riesiges Kachelbild *(azulejos)*, das Lissabon im 17. Jahrhundert darstellt, d.h. vor dem großen Erdbeben von 1755. Im Vestibül ist ein schönes Halbrelief, das die *Kreuzabnahme* zeigt, ein Werk aus dem 16. Jahrhundert. Wir sehen außerdem vier chinesische Porzellankrüge aus dem 18. Jahrhundert, eine »japanische« Deckelvase und zwei chinesische Vasen.

Begeben wir uns in den ersten Stock, stoßen wir im ersten Raum auf einen Schaukasten, der die berühmte Custódia dos Jerónimos enthält – ganz aus Gold mit eingelegtem Emaille. Der oval geformte Fuß wird von kleinen Bildern voller Blüten und Vögel eingenommen; der untere Fries trägt die in weißen Emaillebuchstaben gehaltene Inschrift: *Der höchstmächtige König König Dom Manuel I. ließ dies aus dem ersten Gold des Pária von Quíloa fertigen. Gegeben im Jahr CCCCCVI.* Die Brücke wird von sechs Kugeln gebildet. Der Zwischenteil, zwischen zwei Säulen oder zwei Säulengruppen mit mehreren Nischen mit musizierenden Engeln, trägt die Monstranz, darunter die zwölf sie anbetenden Apostel. Der oberste ganz in Filigran gearbeitete Teil zeigt zum einen das Bild Gottvaters, die Weltkugel in der Linken, segnet er mit der Rechten; eine weiße Taube füllt den unteren Zwischenraum und ein Kreuz überragt alles. Dieses erstaunliche Beispiel portugiesischer Goldschmiedekunst wurde in Lissabon von Gil Vicente auf Befehl von König Manuel I. geschaffen und folgt einem Entwurf von Garcia de Resende. Das Gewicht des Goldes beträgt 30 Marcos, und wie die Inschrift berichtet, wurde alles aus dem Gold der ersten Tributzahlung des Königs von Quíloa geschmiedet. König Manuel I. vermachte es testamentarisch dem Kloster von Belém. Das Schmuckstück aus dem 16. Jahrhundert ist 83 cm hoch.

In den verschiedenen Sälen, durch die wir nun schlendern, können wir Bilder von Cristóvão de Morares, Vieira Lusitano, Cristóvão Lopez, Vieira Portuense, Jorge Afonso, Domingos Sequeira, Domingos Barbosa, zwei von Murillo und einige von Dürer, Pereda, Zurbarán, Ribera, Franz Hals, Teniers, H. Cuyp, Shalken, Jan Sievens, Rubens, Holbein, Melzi, Luini, Luca Giordano, Tintoretto, Antonio Moro, Fra Carlo, Patini und anderen besichtigen.

Wir kommen nun in den Goldschmiedesaal. Diese Sammlung ist nur vorübergehend hier untergebracht, aber sie weist Kostbarkeiten von unschätzbarem

künstlerischen Wert auf. Hauptsächlich setzt sich die Sammlung aus liturgischen Geräten der aufgelösten Klöster zusammen, viele aus Silber und Gold und mit kostbaren Juwelen geschmückt wie zum Beispiel das *Relicário da Madre de Deus,* das aus Gold mit Emailleeinlegearbeiten, Perlen, Smaragden und Rubinen besteht. Andere Exponate von beachtlichem Wert und großer Schönheit sind die bemerkenswerte aus dem 14. Jahrhundert stammende *Custódia de Frei João Dornellas* aus vergoldetem Silber, die kostbare, 97 cm hohe *Custódia da Bemposta* aus vergoldetem Silber, die über und über mit Edelsteinen besetzt ist, die Kreuze aus Bergkristall und die zahlreichen anderen Stücke, die es nie versäumen, die Aufmerksamkeit des Besuchers auf sich zu ziehen und zu fesseln.

Es gibt auch ein graphisches Kabinett, das viele hervorragende Werke aus dem In- und Ausland umfaßt, die bemerkenswerte Arbeit von Domingo Sequeira ist hier hervorzuheben. Das Museum ist täglich außer montags von 11-5 Uhr geöffnet. Der Eintritt ist selbstverständlich frei.

Wir sollten nun der Rua das Janelas Verdes folgen; fast an ihrem Ende steht ein altes Gebäude, das einst den Convento dos Marianos beherbergt hatte. In einem der Nebengebäude dieses Komplexes ist die moderne Druckerei *Imprensa Ltda.* untergebracht, in der dieses Werk gesetzt und gedruckt wurde.

Wir fahren nun die Rua de Santos-o-Velho hinauf, passieren die Französische Gesandtschaft in der Calçada do Marquês de Abrantes, folgen dann der Avenida Wilson (früher Avenida das Côrtes), an deren Kopf der Palast des Kongresses der Republik steht; einst war dies das Kloster von São Bento da Saúde, den Umbau zu seiner heutigen Nutzung, die zahlreiche Änderungen erforderlich machte, leitete der Architekt Ventura Terra. Die Abgeordnetenkammer, die von dem Bildhauer Teixeira Lopes ausgeschmückt wurde, ist ein riesiges Amphitheater unter einer metallenen Kuppel, mit viel Licht und vorzüglicher Akustik. Der Senat, auch ein Amphitheater, ist kleiner gehalten, als Ganzes aber ebenso harmonisch. Die Sala dos Passos Perdidos zeigt Dekorationen von Columbano, Ceia und João Vaz.

Im rechten Flügel des Gebäudes ist das 1757 ein gerichtete Nationalarchiv, Torre do Tombo genannt. Diese Archive sind wegen ihrer riesigen Dokumentensammlung bemerkenswert; hier kann man sich in die ganze Vergangenheit des Landes Portugals wie seines Volkes vertiefen. Man findet dort seltene Exemplare historischer Bücher von oft unschätzbarem Wert und ein veritables Museum von im Druck oder nur im Manuskript vorliegenden Rara, die alle wichtigsten Ereignisse der Geschichte Portugals von seinen Anfängen als Nation bis zu seiner Unabhängig-

keit abdecken. Im Torre de Tombo finden die Liebhaber dieser Kunst auch eine große Zahl illustrierter Bände.

Nachdem wir nun diesen kurzen, aber interessanten Besuch Lissabons bewerkstelligt und alles Bemerkenswerte besichtigt haben – oder zumindest das, was einen Reisenden interessieren wird, wenn er für Kunst und Schönheit empfänglich ist -, sollten wir selbstverständlich ins Hotel zurückkehren, das, wie wir schon erwähnten, vermutlich genau im Stadtzentrum liegen wird.

An abendlicher Unterhaltung mangelt es ebenfalls nicht, denn es gibt erstklassige Theater und weitere ähnliche Zeitvertreibe, aber, um das Beste aus seinem Aufenthalt zu machen, werden wir den Reisenden zu dem Gebäude führen, in welchem sich der Clube dos Restauradores (Maxim's) befindet. Dieses Gebäude ist der alte Palácio Foz, im 17. Jahrhundert nach einem Plan des italienischen Architekten Fabri erbaut. Dieser Palácio gehörte zuerst den Marqueses de Castelo Melhor, später jedoch wurde er von dem Marquês da Foz gekauft, der ihn von 1870-1875 mit Hilfe exzellenter Künstler umbaute, deren Arbeit er höchstpersönlich überwachte. Wir finden dort in der Tat prächtige Arbeiten vor, Arbeiten des Architekten Gaspar, des Bildhauers Leandro Braga, des Malers Francisco Vilaça und vor allem des Meisters Columbano Bordalo

Pinheiro; es gibt auch prächtige Gemälde ausländischer Maler von Rang.

Der Eingang erfolgt durch ein geräumiges Vestibül, nüchtern und voller Würde, das die Leinwände des Italieners Manini birgt, die Marmorfigur einer Frau auf einer Muschel sitzend, ein griechisches Basrelief aus weißem Marmor von schwarzem Marmor gerahmt. Dort erhebt sich dann der prächtige Treppenaufgang in italienischem Marmor, verschwenderisch und schön, der zur Galerie führt, welche den Raum unterhalb der Decke umrundet und deren Säulen aus demselben herrlichen Stein sind. Das Geländer der Treppe, mit Kupfer und Stahl reich verziert, beginnt mit dem Kopf eines Schafes in glänzendem Kupfer. Andere zierende Motive folgen, mit dem Wappen der Marqueses da Foz. Die bewundernswerte Arbeit – das Geländer – wurde in Paris ausgeführt und kostete nicht weniger als £ 9000. Es ist um einiges kostspieliger als dasjenige im Château de Chantilly der Herzöge von Aumale, das für eines der schönsten der Welt gehalten wird. Die Säulen der Galerie erheben sich auf Marmorsockeln, und das untere und obere Ende sind aus Kupfer. Die obere Galerie beherbergt zwei Ölgemälde Snijders, *Der Obstverkäufer* und *Der Fischverkäufer*, eines von Bruyère: *Der Triumph Louis XIV.* sowie die Wappen der Familie Foz von Francisco Vilaça.

Der erste Saal, ganz mit Eiche getäfelt, hat einen aufwendigen Kamin in farbigem Marmor, gekrönt von zwei hölzernen Karyatiden von Jean Goujon; diese, gearbeitet mit einer extremen Leichtigkeit des Stils, scheinen die Decke zu tragen, die mit einem Gemälde der Französischen Schule bemalt ist. Der Ballsaal ist sehenswert wegen seiner Ausstattung, eine schöne Arbeit von Leandro Braga, dessen Handschrift man im ganzen Palast an verschiedenen Details erkennen kann. Der Saal ist dem Ballsaal im Palácio de Queluz nachempfunden; die Decke zeigt ein Gemälde von Venix und stellt die Geburt der Venus dar. Andere Deckenmalereien sind von Columbano. Weiter ist der Reichtum an Kristalleuchtern beachtlich, die mehrere Räume dieses Gebäudes erhellen.

Dieser Palast wurde vor einigen Jahren von dem Conde de Sucena gekauft, und die Gesandtschaft der Vereinigten Staaten war darin lange Zeit beheimatet. Nun ist der Clube dos Restauradores oder Maxim's in dem Gebäude beheimatet, und seine Direktion hat sorgfältig darauf geachtet, die ursprünglichen Dekorationen zu erhalten. Dies führt dazu, daß viele Reisende diesen Club, den kostspieligsten und angenehmsten in Lissabon, besuchen. Da er gerade in der Stadtmitte liegt, am Anfang der Avenida da Liberdade, ist der Ort geradezu für einen Besuch prädestiniert. Der Club hat einen ausgezeichneten und üppigen Spei-

seraum, wo am Abend Künstler verschiedenster Art auftreten und mannigfaltige Attraktionen geboten werden. In Portugal ist es das erste Haus am Platz. Ein Radioempfänger wurde hier installiert.

Wir wollen uns nicht zu ausführlich in diesen Beschreibungen ergehen. Gehen wir davon aus, daß der Reisende noch einen weiteren Tag bleiben kann, und zeigen wir doch noch eine weitere kleine Rundfahrt auf, die ihn durch die Stadt führen wird und in deren Verlauf er die Gelegenheit hat, ein paar weitere interessante Dinge zu sehen.

Wir nehmen am Rossio eine Autodroschke, fahren den Chiado hinauf und befinden uns auf dem Praça Luís de Camões, wo eine Statue des großen Dichters steht, die wir bereits erwähnt haben (Seite 46). Wir fahren dann auf der Rua do Loreto und werden kurz darauf das palastähnliche Gebäude sehen, das den Herzögen von Palmela gehört und von ihnen bewohnt wurde. Heute befindet sich darin das *Centro Nacional de Esgrima*, der *Automovel Clube de Portugal*, der *Aero Clube*, die *Liga Naval Portuguesa* und das *Museu Nacional da Marinha*, welches das Ergebnis mehrerer arbeitsreicher Jahre des verstorbenen Königs Carlos ist, ein Resultat seiner geliebten ozeanographischen Forschungen. Dieses Museum besitzt Fische, Molluskeln und Krustentiere der portugiesischen Küste, Exemplare, die aus unterschiedlichen Tiefen und Entfernungen gezogen wurden, aber auch Seevögel unserer Fauna und den *Odontespisnosutus*, ein bis damals unbekanntes Lebewesen. Man findet dort auch Zeichnungen von bemerkenswerten Exemplaren, Fotos von der Arbeit an Bord während dieser Forschungen, Diagramme von Peilungen, Apparate, die dabei benutzt wurden, eine Bibliothek, Carlos' Diplome, von Carlos bei verschiedenen Ausstellungen erlangte Diplome, ein Logbuch usw. Dieses Museum, das mit der Erlaubnis König Manuels II. errichtet und mit Möbeln aus dem Königlichen Palast ausgestattet wurde, ist für Besucher von 11-4 Uhr an allen Tagen außer Feiertagen geöffnet.

Gerade hinter diesem Gebäude liegt das Gebäude der *Caixa Geral de Depósitos*, 1887 eingerichtet. In diesem Gebäude hatten Wellington und Beresford von 1811 bis 1813 ihr Hauptquartier. Schräg gegenüber steht der Azambuja-Palast, in dem einst die Büros der Tageszeitung *A Lucta* waren, jetzt hat ein politischer Club diesen Palast belegt.

Fahren wir die Rua Marechal Saldanha hinunter, die zu unserer Linken liegt, dann kommen wir zu dem sogenannten *Alto de Santa Catarina,* einer Anhöhe, die eine Aussicht auf den Tejo an seiner breitesten Stelle und das hinter dem Südufer gelegene Land bietet. Dieses ist einer der besten Plätze für einen Rundblick über den Fluß, und hier sammelt sich die Menge, um eine besonders spektakuläre Flotte in den Tejo einlaufen zu sehen, oder in jenen Nächten, an denen auf dem Fluß Gedenkfeuerwerke stattfinden.

Wir kehren jetzt zurück und folgen dabei der Route, die wir ursprünglich genommen haben, unten auf der Calçada do Combro finden wir zu unserer Rechten ein großes altes Gebäude, hier stand einst die alte Hauptpost; das Gebäude ist nun seit vielen Jahren der Sitz der *Confederação Geral do Trabalho* und anderer Gewerkschaften sowie der Arbeiterzeitung *A Batalha*. Als amüsanter Zufall ist anzumerken, daß in diesem selben Gebäude, jedoch auf der der Seitenstraße zugewandten Front die *Juventudes Monárquicas* ihren Sitz hat, eine der royalistischen Hauptorganisationen.

Wir biegen nun ab in die Rua do Século. Gerade am Anfang, an der ersten Ecke, liegt die *Capela das Mercês*, die Kapelle, in der am 6. Juni 1699 der zukünftige Marquês de Pombal, damals noch auf den Namen Sebastião José de Carvalho e Melo, getauft wurde. Hier stand das Grabmal, mit seinen Gebeinen, bis diese in die Igreja da Memória (Seite 65f.) überführt wurden.

Etwas weiter zu unserer Linken steht das große Gebäude der Zeitung *O Século*. Dies ist die einzige portugiesische Zeitung, die über ein für sie eigens gebautes Gebäude verfügt. Die Einrichtung ist, wie man schon vermutet, voller Licht und geräumig. Im großräumigen Untergeschoß befinden sich die großen

Druckmaschinen, im Erdgeschoß das Management – übrigens bewunderungswürdig eingerichtete Büros –, im ersten Stockwerk die Redaktion und im zweiten Stock die Setzerei. Im einfacheren Teil des Gebäudes, der einst dem Visconde da Lançada gehörte, befinden sich das Büro des Herausgebers, die Archive und die Ausstellungs- und Konzertsäle. Die *O Século* ist eine der größten portugiesischen Zeitungen mit einer weiten Verbreitung und sehr gründlich informiert; sie nimmt zur Zeit in Sachen Politik eine konservative Haltung ein. Die Besitzer publizieren auch andere Sachen – Bücher, Wochenschriften usw. –, und die Druckerei nimmt auch Aufträge von außen entgegen.

Vor der Vorderseite dieses Gebäudes liegt die *Calçada dos Caetanos,* an der auch das Gebäude des *Conservatório Nacional de Música* steht, 18.. von Almeida Garrett gegründet und kürzlich erst wiedererbaut. Wir haben nun das sogenannte *Bairro Alto* betreten, in dem die meisten Lissabonner Zeitungen ihren Sitz haben.

Wir kehren in die Rua do Século zurück und sehen gleich neben dem Zeitungsgebäude die palastähnliche Residenz, wo am 13. Mai 1699 der Marquês de Pombal geboren wurde. 1923 wurde hier ein Gedenkstein errichtet. Das Spanische Konsulat und die Handelskammer belegen jetzt das Gebäude.

Fahren wir um die Ecke in die alte Rua do Arco a

Jesus – so genannt wegen des Bogens *(arco)*, der noch immer dort steht –, kommt unser Automobil an der *Academia das Ciências de Lisboa* vorbei, nach der die Straße ihren heutigen Namen hat. Das Gebäude war einst der Sitz des Convento de Jesus; und zur Zeit sind dort außer der Akademie noch die Faculdade de Letras (Geisteswissenschaftliche Fakultät) und das Museu Geológico (Geologische Museum).

Die *Academia das Ciências de Lisboa,* 1779 gegründet, hat ihren Sitz hier seit 1834 und besitzt eine bemerkenswerte Bibliothek, die sich in einem großen 31 m langen und 15 m breiten und 11 m hohen Raum befindet, einem der größten Säle seiner Art in ganz Europa. Die Bibliothek umfaßt 116000 seit 1500 gedruckte Bände, 112 Inkunabeln und 1600 Manuskripte. Ein Teil davon wurde von der Akademie gekauft und ein Teil gehörte dem alten Konvent des Dritten Franziskanerordens (der Reue), der seinen Sitz hier seit 1582 hatte. Die Bibliothek geht noch über den großen Saal, den wir schon erwähnt haben, hinaus. Sie hat noch weitere zwölf Räume. Viele Rara finden sich in dieser Sammlung, wie zum Beispiel die *Missal* von 1610, ein von Estévão Gonçalves illuminiertes Manuskript, welches dazu diente, den portugiesischen Königen bei der Thronbesteigung den Eid abzunehmen, eine lateinische Bibel, eine Erstausgabe, gedruckt auf Pergament 1462 in Mainz von den Partnern Guten-

bergs, (die Ausgabe ist in erstaunlich gutem Zustand), dieses Exemplar und das in der Nationalbibliothek sind die einzigen beiden in Portugal vorhandenen; ein hebräischer *Pentateuch*, 1491 in Lissabon gedruckt, ein beachtliches Beispiel nationaler Druckkunst, eine Sammlung arabischer Manuskripte, ein Exemplar der Erstausgabe der *Os Lusíadas von Camões* (1572) usw.

Die 34 Büsten, die die Simse zieren, wurden von der Real Fábrica de Louça do Rato hergestellt und repräsentieren König João VI., verschiedene Heilige und Prälaten, Philosophen (u.a. Platon), Mathematiker (u.a. Pedro Nunes und Newton), Wissenschaftler (u.a. Hippokrates und Verney), Redner (u.a. Cicero), Dichter (u.a. Vergil, Sá de Miranda und Camões), Chronisten (u.a. Damião des Góis und João de Barros) usw.

Die Academia das Ciências hat ein eigenes Museum, das Antiquitäten, Münzen, Orden, Exemplare alten Tongeschirrs usw. umfaßt.

Im zweiten Stock ist das *Geologische Museum*, das für eines der besten seiner Art in ganz Europa gehalten wird. Es umfaßt sechs Räume, die alle möglichen Exponate in dieser Richtung enthalten – Fossilien, menschliche und von Tieren stammende Schädel und Knochen, Feuerstein-Werkzeuge, primitives Tongeschirr, Figuren und eine Fachbibliothek. Dieses Museum ist an Werktagen von 10 1/2-5 Uhr geöffnet.

Wenn der Reisende einen Nachmittag dafür widmen möchte, gäbe es noch eine weitere Tour: Unser Automobil verläßt den Rossio in eine andere Richtung und fährt die Rua da Palma hinauf. Auf dieser Route haben wir zu unserer Rechten die Häuser des Viertels *Mouraria*, ein volkstümliches Viertel wie die Alfama und so unverwechselbar und charakteristisch wie diese.

Ein Stück weiter, fast vor dem Apollo-Theater, nehmen wir die Rua 20 de Abril, besser bekannt unter ihrem alten Namen Rua de São Lázaro, dabei lassen wir bei der Überquerung des Largo do Socorro die Rua José António Serrano auf unserer linken Seite zurück. Diese Straße führt zum *Hospital de São José.* Dieses Hospital ist das größte Lissabons und stammt von 1775. Das Gebäude gehörte ehemals den Jesuiten und war der Convento de Santo Antão-o-Novo, erbaut von Dom Henrique.

Das Hospital hat prächtige Azulejos im Vestibül und eine Kapelle aus gutem Marmor. Wir fahren diesen Weg rechts hinauf und kommen zum *Campo dos Mártires da Pátria,* so benannt im Gedenken an die Hinrichtungen der Verschwörer, die sich 1817, angeführt von Gomes Freire, gegen den britischen Gouverneur Beresford erhoben hatten. Dieser Platz hatte einst einen hölzernen Stierring, der abgerissen wurde, als man die Campo Pequeno-Arena erdachte. Einst stand hier die Kapelle Santa Ana, daher auch der Name

Campo de Santa Ana, unter dem dieser Platz bekannt war und bis zu einem gewissen Ausmaß auch heute noch ist.

Eine der Seiten dieses großen Platzes, der einen sehr gepflegten Garten besitzt, wird beansprucht von dem Gebäude der medizinischen Fakultät, dem gegenüber das Denkmal des großen portugiesischen Arztes Sousa Martins steht (geschaffen von Costa Mota, 1907 enthüllt).

Das Gebäude der *Medizinischen Fakultät*, entworfen von dem Ingenieur Cabral Couceiro und dem Architekten José Maria Nepomuceno, mit Veränderungen durch die Ingenieure Borges de Castro und Abecassis und den Architekten Leonel Gaia, stammt aus dem Jahr 1911. Es hat eine prachtvolle Haupttreppe, eine zentrale Eingangshalle mit Galerien, wo auf Tafeln die Namen der Professoren der Schule stehen, und eine Büste von Dr. Manuel Bento de Sousa, geschaffen von Teixeira Lopes, 1904 enthüllt. Der Maler Columbano dekorierte den Ratssaal, in dem auch Bronzebüsten aufgestellt sind. Im Vestibül sind Gemälde von António Ramalho und eine Statue der Medizin von Costa Mota zu sehen. Im ersten Stock ist ein Saal mit Gemälden von João Vaz und Azulejo-Arbeiten von Jorge Colaço. Der Untersuchungssaal besitzt Friese von Veloso Salgado, eine Decke von João Vaz und ein Porträt, gemalt von Malhoa.

Die Medizinische Fakultät, früher die Escola Médica de Lisboa, hatte bis 1910 ihren Sitz im Hospital de São José; erst nach dem Umzug in das neue Gebäude konstituierte sich die zuRrecht so genannte Medizinische Fakultät.

Zur Rechten der Medizinischen Fakultät ist die Rua do Instituto Bacteriológico, wo das Institut, welches seinen Namen von Dr. Câmara Pestana hat, seit seiner Gründung 1892 beheimatet ist. Das Gebäude gehörte ursprünglich dem alten Convento de Santa Ana und wurde für seinen heutigen Zweck hergerichtet von Dr. Câmara Pestana, einem großen Bakteriologen, der als Märtyrer der Wissenschaft aufgrund seiner Arbeit während der Beulenpest-Epidemie in Oporto 1899 starb. An der Ecke dieser Straße und der Travessa do Torel steht immer noch ein Teil des ursprünglichen Klosters; es wird jetzt genutzt von dem Asilo de Santa Ana, welches der Sociedade da Infância Desvalida gehört – ein Waisenhaus.

Links neben der Medizinischen Schule in der Rua Manuel Bento des Sousa liegen das *Instituto de Medicina Legal* und das Leichenschauhaus. Von dem Gitter dieses Gartens hat man eine schöne Aussicht auf den höher gelegenen Teil der Stadt im Osten. Auf dem Campus selbst steht auch die Residenz des Kardinals und Bischofs von Lissabon, welche ihm von den Katholiken Portugals geschenkt wurde.

Zu diesem Punkt der Stadt, den wir beschrieben haben, führen auch noch andere Routen außer dieser von uns gewählten. Wir könnten die Calçada de Sant Ana nehmen, die zur Rua do Instituto Bacteriológico hinaufführt. Wir könnten von der Avenida senkrecht mit dem Elevador de Lavra hinauffahren; wir könnten über die Rua das Pretas und dann die Rua de Santo António dos Capuchos hinaufgehen oder einfach die Gomes Freire-Straßenbahn nehmen.

II

PESSOAS LISSABON

Im Grunde reist man am besten, indem man fühlt.
Alles auf jegliche Weise fühlt.
Alles unmäßig fühlt,
weil alle Dinge im Grunde unmäßig sind,
und die ganze Wirklichkeit eine Ausschweifung ist, ein Gewaltakt,
eine lichtscharfe Halluzination,
die wir gemeinsam im Rasen der Seelen erleben,
dem Mittelpunkt, wohin sich alle die seltsamen zentrifugalen
Kräfte drängen:
die menschlichen Psychen in ihrer Sinnentracht.

Álvaro de Campos

DIE HÄUSER

Ich bin nichts.
Ich werde nie etwas sein.
Ich kann nicht einmal etwas sein wollen.
Abgesehn davon, trage ich in mir alle Träume der Welt.
ÁLVARO DE CAMPOS

Tafel am Geburtshaus Pessoas an der Praça São Carlos

»O Glocke meines Dorfes ...« (Ó sino da minha aldeia ...) Die Glocke meines Dorfes, Gaspar Simões, ist die Glocke der Märtyrer-Kirche (Igreja dos Mártires) hier am Chiado. Das Dorf, in dem ich auf die Welt kam, war der São Carlos-Platz, heute Direktoriums-Platz, und das Haus, in dem ich auf die Welt kam, war dasjenige, in dem sich später (im zweiten Stock, ich bin im vierten geboren) das Republikanische Direktorium installieren sollte. (Anmerkung: das Haus war zur Berühmtheit verurteilt, aber hoffentlich erbringt der 4. Stock ein besseres Resultat als der 2.)

BRIEF AN JOÃO GASPAR SIMÕES VOM 11. 12.1931

Der Largo de São Carlos heute

Das Teatro Carlos gegenüber Fernando Pessoas Geburtshaus. Joaquim de Seabra Pessoa war Opernkritiker für den »Diário de Notícias«.

Ich wohne allem endgültig bei./
Kein Schmuckstück für eine Frau, das nicht von mir und für mich gekauft würde,/
kein Warten, an dem ich nicht irgendwie teilnähme,/
kein Gesprächsergebnis, das mir nicht zu Ohren käme,/
kein Glockenton in Lissabon seit dreißig Jahren, kein Opernabend im São-Carlos-Theater seit fünfzig Jahren, /
der nicht aus altmodischer Galanterie für mich bestimmt ist.

Álvaro de Campos

FARMACIA

Rua de Șão Marçal 104, 3. Stock. Hierher zieht die Familie nach dem Tod des Vaters und hier schreibt Fernando sein erstes Gedicht »À Minha Mãe« (Meiner Mutter):

Fernando im Alter von vier und sechs Jahren.

O portugiesisches Land,
in dir kam ich zur Welt,
und wie schön ich dich
auch fand,
Mutter mir am besten gefällt.

Von 1896 bis 1901 lebt Pessoa mit seiner Mutter und dem Stiefvater – João Miguel Rosa – im südafrikanischen Durban. Zurück in Lissabon wohnt die Familie zunächst vorübergehend im Viertel Pedrouços, um dann 1902 in die Rua Dom Carlos (heute Avenida Dom Carlos) in das Haus Nr. 109 umzuziehen, wo Pessoas Bruder João Maria geboren wird. Henriqueta Magdalena, Magdalena Henriqueta und Luiz Miguel sind in Südafrika zur Welt gekommen und dorthin kehrt die Familie im Sommer 1902 auch wieder zurück.

Meine Kindheit verlief ruhig (...), meine Ausbildung war gut. Aber seit ich meiner selbst bewußt bin, bemerkte ich, daß ich eine angeborene Tendenz zur Mystifikation, zur künstlerischen Lüge hatte. Zu alldem füge man hinzu eine große Vorliebe für das Geistige, für das Geheimnisvolle, für das Dunkle, das letztlich nichts anderes war als eine Form und eine Abwandlung meines Charakteristikums, und damit hat man einen für die Intuition vollständigen Eindruck von meiner Persönlichkeit. BIOGRAPHISCHE NOTIZ VON 1906

Links: Die Rua Dom Carlos

Rechte Seite: Das Haus Rua Dom Carlos Nr. 109

109

Zu der Zeit, in der sie meinen Geburtstag feierten,
war ich glücklich, war noch niemand gestorben.
Im alten Hause war selbst mein Geburtstag eine uralte Tradition,
und die allgemeine Freude, auch meine, war so sicher wie irgendeine Religion.
Zu der Zeit, da sie meinen Geburtstag feierten,
war ich so selbstverständlich gesund, von nichts etwas zu verstehen,
im Familienkreis als geweckt zu gelten
und die Hoffnungen nicht zu hegen, die andere für mich hegten.

Álvaro de Campos

Die Familie 1901: Fernando, seine Mutter, sein Bruder Luiz Miguel, sein Stiefvater und seine Schwester Henriqueta Magdalena. Rua São Bento.

Rua de São Bento 19, 2. Stock links. Hier wohnt Tante Anica, die Schwester seiner Mutter. Als Fernando Pessoa im August 1905 allein nach Lissabon zurückkehrt, lebt er bei seinen Tanten.

Bezüglich der Vergangenheit empfinde ich nur Sehnsucht nach dahingegangenen Menschen, die ich geliebt habe; aber das ist keine Sehnsucht nach der Zeit, in der ich sie geliebt habe, sondern Sehnsucht nach ihnen selbst: ich wollte, sie lebten heute, mit dem Alter, das sie heute haben würden, wenn sie bis heute gelebt hätten. Das übrige sind literarische Attitüden, intensiv aus dramatischem Instinkt gefühlt, ob sie nun Álvaro de Campos oder Fernando Pessoa unterzeichnet.

BRIEF AN JOÃO GASPAR SIMÕES VOM 11.12.1931

Rua da Bela Vista 17 im Lapa-Viertel. Die Familie reist 1904, nach dem Tod von Clara, Fernandos Schwester, wieder nach Durban, und Pessoa wohnt hier im ersten Stock mit seiner Großmutter und zwei seiner Großtanten.

Ich liebe diese einsamen Plätze, die sich zwischen Straßen mit geringem Verkehr schieben und selbst noch verkehrsärmer als diese Straßen sind. Es sind nutzlose Lichtungen, Dinge im Zustand der Erwartungen, zwischen fernen Tumulten. Sie sind Dorf in der Stadt.

DAS BUCH DER UNRUHE

Links: Von 1908 bis 1912 wohnt Fernando Pessoa allein in einem Mietzimmer am Largo do Carmo Nr. 18, 1. Stock links.
Unten: Zeitgenössische Aufnahme des Largo do Carmo

Das dritte Stockwerk bei den Tanten war die Stille von einst,
Stille verschiedener Naturen,
Die Kindheit ohne Zukunftsgedanken,
das Rattern, mir nur hörbar, ihrer Nähmaschine.

ÁLVARO DE CAMPOS

Rua Passos Manuel 24, 3. Stock links. Das neue Haus von Tante Anica und Wohnsitz Fernando Pessoas von 1912-1914. Ende 1914 zieht er in die nahe Rua Pascoal de Mello, Haus Nr. 119, 3. Stock rechts (zeitgenössische Aufnahme).

COLEGIO

Die vier Wände meines armseligen Zimmers sind für mich gleichzeitig Zelle und Distanz, Bett und Sarg. Meine glücklichsten Stunden sind jene, in denen ich an nichts denke, nichts will, nicht einmal träume, verloren in der Erstarrung einer verfehlten Pflanze, nurmehr Moos, das auf der Oberfläche des Lebens wächst. Ich genieße ohne Bitterkeit das absolute Bewußtsein, nichts zu sein, den Vorgeschmack des Todes und der Auslöschung. Das Buch der Unruhe

Rua da Dom Estefânia
Im Erdgeschoß der Nummer 127 mietet Fernando Pessoa ein Zimmer (Tante Anica zieht in die Schweiz) im Haus einer Büglerin. Oben ein Pessoa-Porträt des Fotografen Victoriano Braga aus dem Jahr 1916.

Vor Tagen fuhr ich mit der Straßenbahn durch die Avenida Almirante Reis. Als ich zufällig die Augen hob, lese ich auf einem Ladenschild: Apotheke A. Caeiro.

BRIEF AN ARMANDO CÔRTES-RODRIGUES VOM 4.10.1914

Die Rua Antero de Quental, wo Fernando Pessoa im Jahr 1916 wohnt. Bild unten: die Einfahrt zur Avenida Almirante Reis

MITSUBISHI
MOTORS
MITLIS
7

Rua Almirante Barroso 12 (Estefânia-Viertel). 1916 lebt Fernando Pessoa in einem Zimmer über der Alentejana-Molkerei. Unten: Die Tür der Molkerei (heute eine Bar). Im Jahre 1917 mietet er dann zwei Zimmer in der Rua Cidade da Horta 48 (das Gebäude wurde abgerissen). Seite links: Im ersten Stock dieses Gebäudes in der Rua Bernardim Ribeiro wohnt der Dichter 1918.

Unten: Etwas länger als ein Jahr (1919-1920) lebt Fernando Pessoa im Benfica-Viertel, anfänglich im Alto da Boa-Vista, dann in der Avenida Gomes Pereira (die heute stark verändert ist).

Wenn ich ein anderer wäre ... Ich würde mich mit Freunden verabreden und die Straßenbahn nach Benfica nehmen. Wir würden bei Freunden in Gemüsegärten zu Abend essen. Unsere Freude würde ein Teil der Landschaft sein und von allen, die uns zu Gesicht bekämen, als der Örtlichkeit angemessen gebilligt werden.

Das Buch der Unruhe

Rechts: Die Rua Santo António dos Capuchos im Campo de Santana-Viertel. Hierher zieht Pessoa noch im Jahr 1918.

JH-32-97

Rua Coelho da Rocha 16, 1. Stock rechts im Campo de Ourique-Viertel. Der »endgültige« Wohnsitz, in dem sich Fernando Pessoa 1920 einrichtet. Im März kehrt seine Mutter krank aus Südafrika zurück, um hier die letzten fünf Jahre ihres Lebens zu verbringen. Der Dichter selbst lebt – nach über zwei Dutzend Umzügen – bis zu seinem Tod im Jahr 1935 an dieser Adresse. Heute befindet sich hier die Casa Pessoa, ein kleines Museum zu seinem Gedenken. Bild unten: die Rua Saraiva de Carvalho in den 30er Jahren.

IDM

Einsam entwerfe ich Pläne in meinem Ingenieursbüro,
unterzeichne die Vorhaben, hier isoliert
und dem eigenen Ich entfremdet.

Nebenan, als düster-banale Begleitmusik,
das ratternde Tacken der Schreibmaschinen.
Wie ekelhaft dieses Leben!
Wie abscheulich dies Gleichmaß!
Wie langweilig dieses So-Sein!

Einstmals, als ich ein anderer war, erlebte ich Burgen und Ritter,
(Bilder, vielleicht aus einem Buche der Kindheit),
einstmals, als ich noch meinem Traume entsprach,
erlebte ich große nordische Landschaften, glitzernd vor Schnee,
und große südliche Palmwälder in strotzendem Grün.

Einstmals.

Nebenan, als düster-banale Begleitmusik,
das ratternde Tacken der Schreibmaschinen.

Álvaro de Campos

DIE FIRMEN

Das Juweliergeschäft Moitinho

Rua Augusta 228, von der Baixa Pombalina aus gesehen. Im 1. Stock dieses Gebäudes befindet sich noch die Casa Serras. Hier arbeitete Fernando Pessoa zwischen 1934 und 1935. In der gleichen Strasse befand sich auch das Büro von Martins Lavado (Haus Nr. 75, 2. Stock). Fernando Pessoa erwähnt ihn in einem sehr kurzen Tagebucheintrag aus dem Jahr 1913.

Zweimal ging ich ins Büro des Lavado, beide Male war er nicht anwesend. Ich habe dort nichts erledigt.

Tagebucheintrag vom 15.2.1913

Rua do Ouro 87, 2. Stock, der Sitz der Firma »Comissões e Consignações«, die Fernando Pessoa, Geraldo Coelho und Augusto Ferreira Gomes gehört.

Rechts: Die Rua do Ouro

INTENDENTE

Rua da Prata zu Beginn des Jahrhunderts
Rechts: Das Bürogebäude von Lavado, Pinto & C^{a} Ld^{a} (Haus Nr. 267, 1. Stock rechts). Hier ist Pessoa Korrespondent von 1913 bis 1915. Unten: Eine Visitenkarte der Firma

Lavado, Pinto & C.ª L.da
R. DA PRATA, 267
LISBOA

TELEGRAMAS
ADIEMLA - LISBOA

TELEFONE
2 1017

CODIGOS A B.C. 5TH & 6TH BENTLEYS

205
OPTICA

URIVESARIA
MOITINHO

Im 1. Stock des Hauses Nr. 71 an der Rua da Prata befinden sich heute noch die Büros des Juweliers Moitinho. In dieser Firma bleibt Fernando Pessoa am längsten (von etwa 1924 bis 1935).

Bild links: aktuelle Aufnahme
Bild unten: Fotografie aus dem Jahr 1929

PULIDO

Links oben: Büros in der Rua de São Julião. Im Haus Nr. 101, dem Sitz der Firma Xavier Pinto & Cª erhält Fernando Pessoa 1916 den Brief von Carlos Ferreira mit der Nachricht vom Selbstmord Mário de Sá-Carneiros. Daneben eine Fotografie des Hauses Nr. 41, wo Fernando Pessoa im dritten Stock von 1917 bis 1919 eine weitere Repräsentations-Firma leitete.

Links unten: Haus Nr. 52, 1. Stock, wo Pessoa in den 20er Jahren in der Baixa ein weiteres Büro unterhielt.

Rechts oben: Die Büros der Firma Palhares, Almeida & Silva, Ldª in der Rua dos Fanqueiros 44, 1. Stock. Hier schreibt Pessoa Teile des *Buch der Unruhe.*

Rechts unten: Die Büros von Frederico Ferreira & Ávila, Lda, (Rua da Victoria 52, 2. Stock), wo der Dichter in den 20er Jahren verkehrt.

Rua da Assunção
Oben: Im Haus Nr. 58, 2. Stock rechts, war der Sitz des Verlags Olisipo, der von 1920 bis 1923 von Fernando Pessoa und seinem Vetter Mário Nogueira de Freitas geleitet wurde.

Unten: Haus Nr. 42, 2. Stock. Hier war der Sitz von Felix, Valladas & Freitas, Ldª , wo Fernando Pessoa und Ophélia Queiroz sich 1919 kennenlernen.

Rechts: Campo das Cebolas 43. Die Adresse von A. Xavier Pinto & Cª. Hierhin geht von 1915 bis 1917 der größte Teil der privaten Korrespondenz Pessoas. Auch Mário de Sá-Carneiro schickt seine Briefe aus Paris meist an diese Adresse.

Auf einmal sahen wir einen ganz in schwarz gekleideten Herrn die Treppe heraufsteigen (ich erfuhr später, daß er wegen seines Stiefvaters Trauerkleidung trug), mit einem Hut mit umgeschlagener und gesäumter Krempe, Brille und einer Fliege um den Hals. Beim Gehen schien er den Boden nicht zu berühren. Und seine Hosenbeine steckten – gar nichts Ungewöhnliches – in Gamaschen. Das reizte mich – ich weiß nicht weshalb – schrecklich zum Lachen, und es kostete mich große Mühe zu sagen, ich wolle auf die Annonce antworten, als er schüchtern fragte, was wir wünschten.
Das war mein erstes Bild von Fernando.

OPHÉLIA QUEIROZ, FERNANDO UND ICH

Oben: Die Rua da Betesga bei der Praça da Figueira. Im 3. Stock der Nr. 75 befanden sich die Räumlichkeiten der Firma Lima Mayer & Perfeito de Magalhães.

Ich beuge mich aus einem der Erkerfenster des Büros auf die Straße; abgelenkt wie ich bin, spüre ich ein Hin und Her von Leuten in den Augen und nehme sie doch aus der Distanz meines Nachdenkens nicht wahr. Ich schlafe auf den Ellenbogen, der Fenstersims schmerzt mich, ich weiß von gar nichts und spüre eine große Verheißung.

DAS BUCH DER UNRUHE

Rechts: Das Gebäude der Rua de São Paulo (heute Fritz W. Meyer), in dem sich damals die Büros von Toscano & Cruz, Ld[a] befanden. Hier war Pessoa ab 1920 Korrespondent.

RITZ W. MEYER

Lissabon mit seinen Häusern
in mannigfaltigen Farben,
Lissabon mit seinen Häusern
in mannigfaltigen Farben,
Lissabon mit seinen Häusern
in mannigfaltigen Farben ...

Kraft seiner Verschiedenheit wirkt das monoton.
So wie ich vor lauter Gefühlsanspannung nur denke.

Wenn ich nachts im Bette liegend, doch wach –
in der nutzlosen Hellsichtigkeit des Nicht-einschlafen-Könnens –
etwas vorstellen will
und stets etwas anders aufscheint (denn da ist Schläfrigkeit,
und da Schläfrigkeit da ist, auch ein Stück Traum)
will ich mir meinen Ausblick
durch große fantastische Palmenalleen verlängern,
aber ich sehe nicht mehr,
im Inneren meiner Lider,
als Lissabon mit seinen Häusern
in mannigfaltigen Farben.

Ich lächle, denn hier im Liegen ist es ganz anders.
Weil es so monoton ist, ist es verschieden,
und weil ich ich bin, schlaf' und vergesse ich, daß ich vorhanden bin.

Übrig bleibt ohne mich, der vergaß, weil er schläft,
Lissabon mit seinen Häusern
in mannigfaltigen Farben.

Álvaro de Campos

DIE STADT

Abermals seh ich dich wieder – Tejo und Lissabon –
ein Reisender, unnütz für dich und für mich,
Ausländer hier wie überall,
im Leben so zufällig wie in der Seele,
Gespenst, das beim Rascheln der Mäuse und knarrenden Dielen
durch Erinnerungssäle irrt
auf dem verfluchten Schloß der Pflicht zu leben ...
Álvaro de Campos, Lisbon revisited (1926)

Terrassenboden im Jardim de São Pedro de Alcântara

Diese Zufallsworte diktierte mir die große Ausdehnung der Stadt Lissabon, wenn man sie im universellen Licht der Sonne vom hoch gelegenen São Pedro de Alcântara aus betrachtet. Jedesmal wenn ich eine so weite Fläche betrachte und von den 1,70 m Körpergröße und den 61 kg Gewicht absehe, aus denen meine Physis besteht, habe ich ein ausgeprägt metaphysisches Lächeln für diejenigen übrig, die da träumen, daß der Traum Traum sei, und ich liebe die Wahrheit der absoluten Außenwelt mit der edlen Kraft des Verstandes.

DAS BUCH DER UNRUHE

Jardim de São Pedro de Alcântara

Ribeira Nova-Quai

Ach, ferne Strände, von fern erspähte Kais,
und später nahe Strände, von nahem erblickte Kais.
Die Unergründlichkeit jedwedem Aufbruchs, jeder Ankunft,
das schmerzlich Unbeständige, Unbegreifliche
dieses unfaßlichen Weltalls
zu jeder Meeresstunde mehr am eigenen Leibe spüren!

Sinnloses Schluchzen strömen unsere Seelen
über die Räume mannigfacher Meere mit ihren fernen Inseln,
über die fernen Inseln an entgleitenden Küsten,
über das strahlende Aufwachen der Häfen, ihrer Häuser, ihrer Menschen,
vor unserem nahenden Schiff.

Álvaro de Campos, Meeres-Ode

Der Tejo im Hintergrund ist ein blauer See, und die Berge auf dem anderen Flußufer sind die einer abgeplatteten Schweiz. Ein kleines Schiff fährt aus – ein schwarzer Frachtdampfer – aus Richtung Poço do Bispo zur Hafenausfahrt, die ich nicht sehen kann. Mögen mir die Götter alle bis zu der Stunde, in der mein Anblick meiner selbst zu Ende geht, die klare, sonnenhafte Auffassung der äußeren Wirklichkeit bewahren, den Instinkt für meine Unwichtigkeit und das Behagen, klein zu sein und ans Glücklichsein denken zu können.

DAS BUCH DER UNRUHE

Der Alfândega-Quai bei der Ankunft eines Dampfers
Unten: Blick über den Anlegeplatz zum anderen Tejo-Ufer, der »Outra Banda«

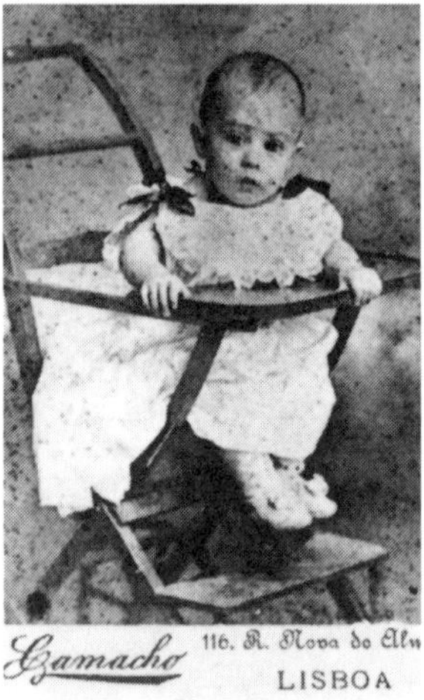

Fotografien aus dem Studio von João Francisco Camacho in der Rua Nova do Almada 116, 1. Stock (im Gebäude der Grandes Armazéns do Chiado, eines Warenhauses aus der Gründerzeit am Chiado). In ihrem ersten Lebensjahr wurden Fernando Pessoa (oben) und Mário de Sá-Carneiro (unten) im selben Fotostudio fotografiert, im gleichen Kinderstuhl.

Bild rechts: Eine zeitgenössische Aufnahme der Rua Nova do Almada.

Ich fahre in der Straßenbahn und beobachte dabei geruhsam, wie es meine Art ist, alle Einzelheiten der vor mir sitzenden Personen.... Das ganze Leben in der Gesellschaft liegt vor meinen Augen. Darüber hinaus ahne ich die Liebschaften, die Ausdünstungen, die Seele all derer, die dafür gearbeitet haben, daß diese Frau, die vor mir in der Straßenbahn sitzt, um ihren sterblichen Hals die windungsreiche Banalität eines dunkelgrünen Seidenzwirns auf einem minder grünen Stoff tragen kann.

Mich schwindelt. Die Bänke der Elektrischen aus einem kräftigen, engmaschigen Strohgeflecht tragen mich in ferne Gegenden, vervielfältigen sich zu Industrien, Arbeitern, Arbeiterwohnungen, Lebensläufen, Wirklichkeiten, eben zu allem.
Ich steige erschöpft und wie ein Schlafwandler aus der Straßenbahn. Ich habe das ganze Leben gelebt.

Das Buch der Unruhe

Typische Lissaboner Straßenbahnen, unten am Terreiro do Paço, 1910, und oben rechts vor dem Nationaltheater, um 1930.

An den langen Sommerabenden liebe ich die Stille der Unterstadt, und ich liebe sie dort um so mehr, wo sie im allergrößten Gegensatz zum lärmenden Tagesgewühl steht. Die Rua do Arsenal, die Rua da Alfândega, die Verlängerung der traurigen Straßen, die sich ostwärts des Zollgebäudes erstrecken, die unterbrochene ruhige Linie der ruhigen Kais – all das stärkt mich in Traurigkeit, wenn ich mich an solchen Abenden in ihre Einsamkeit eingliedere. Ich erlebe dann eine weit zurückliegende Epoche; ich genieße es, mich als Zeitgenosse Cesário Verdes zu fühlen, und in mir finde ich zwar nicht die gleiche Verse wie die seinigen, wohl aber die Substanz seiner Dichtung.

DAS BUCH DER UNRUHE

Die Rua do Arsenal zu Beginn des Jahrhunderts

Wenn ich die Welt in der Hand hätte, würde ich sie, dessen bin ich sicher, gegen eine Fahrkarte zur Rua dos Douradores eintauschen.

Das Buch der Unruhe

Es gibt ein ruhiges Landleben in der Stadt. Es gibt Augenblicke, vor allem zur Mittagszeit im Sommer, zu denen das Land wie ein Windstoß in dieses lichterfüllte Lissabon eindringt. Und sogar hier in der Rua dos Douradores lernen wir den guten Schlaf kennen.

Das Buch der Unruhe

Die Kreuzung Rua dos Douradores/Rua de Santa Justa, zu Beginn des Jahrhunderts

Oben: Die Fassade des Tabakladens Costa am Anfang der Rua do Ouro. Links: Schnapsverkäufer auf der Praça Luís de Camões (1908).

Ein Todeskreuz an meinem Tabakladen:
Ob uns Herr Alves selbst verlassen hat?
Mein inn'res Gleichgewicht nahm schweren Schaden.
Verwandelt ist für mich die ganze Stadt.

Álvaro de Campos

Erwachen von Lissabon, später als anderswo,
Erwachen der Rua do Ouro,
Erwachen des Rossios, an den Türen der Cafés,
Erwachen
und in der Mitte der Bahnhof, der niemals schläft,
wie ein Herz, das im Schlaf und im Wachen pulsieren muß.

Álvaro de Campos

Oben: Der Rossio vor 1920.
Rechts: Einblick in das Kaffeehaus Brasileira am Rossio, 1911.

Innenaufnahmen aus dem Kaffeehaus. Einige Experten glauben, unter den Gästen an den Tischen den Dichter Mário de Sá-Carneiro zu erkennen, andere sind überzeugt, daß die Aufnahmen aus dem Martinho da Arcada stammen. Doch es sind Fotografien von Unbekannten, die im Café Áurea Peninsular (unten eine Fotografie der Fassade) an der Rua do Arco do Bandeira aufgenommen wurden.

Das Café Montanha. Dieses Kaffeehaus war an den Wochenenden für Pessoa ein Treffpunkt mit Freunden.

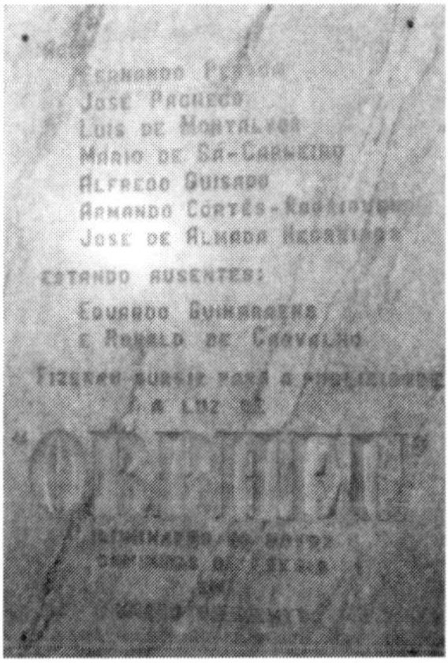

Das Restaurant Irmãos Unidos am Rossio war gewöhnlich der Treffpunkt der »Orpheu«-Gruppe. Diese Gedenktafel (oben) mit den Namen der Herausgeber von »Orpheu« wurde erst in späteren Jahren hier angebracht. Die Tafel verschwand nach der Schließung des Restaurants (1970) und wurde 1990 am Teatro de São Luiz wieder angebracht.

COMPANHIA
DE SEGUROS
PORTUGAL PREVID
CAFE RESTAURANT ROYAL
ROYAL

CAFE - RESTAURANT GIBRALTAR

Links: Die Stammcafés von Fernando Pessoa am Cais do Sodré: das Royal und das Gibraltar.
Unten: Das berühmte Martinho do Largo Dom João da Câmara, auch ein Treffpunkt der »Orpheu«-Gruppe.

Gestern habe ich einen »Orpheu« für Sie auf die Post gegeben. Nur einen, weil wir nur über sehr wenige verfügen können. Die Edition wird rasch vergriffen sein. Es war ein absoluter Triumph ... *Es gibt unendlich viel zu erzählen. Jetzt habe ich viel zu tun gehabt. Aus der Depotbuchhandlung gehen die Exemplare an die dortigen Abonnenten und Buchhandlungen ab ...* Wir sind das Tagesgespräch von Lissabon; *das sage ich ohne Übertreibung. Der Skandal ist riesig. Auf der Straße zeigt man mit den Fingern auf uns, und alle Leute – selbst die nicht-literarischen – sprechen von »Orpheu«.*

Brief an Armando Côrtes-Rodrigues vom 4.4.1915

CAFE RESTAURANTE
MARTINHO DA ARCADA

Links: Das Martinho da Arcada oder, wie man es damals nannte, das Café Arcada. Es diente Fernando Pessoa an Spätnachmittagen als »Schreibstube«, vor allem in seinen letzten Lebensjahren.
Unten: Pessoa im Café Arcada an einem Tisch mit Costa Brochado.

Der Brief, den ich Dir eben jetzt geschrieben und schon in den Postkasten gesteckt habe, enthält, wie ich Dir schon gegen Ende sagte, nicht alles, was ich Dir schreiben wollte. Als ich schon fast fertig war (glücklicherweise nicht vorher), erschien der Vetter im Café Arcada, wo ich gerade schrieb und auch diesen Brief schreibe. Ich mußte den Brief unterbrechen und wurde wütend – nicht auf ihn natürlich, der weit davon entfernt war, schuld zu haben, ja sogar angekündigt hatte, um diese Stunde (sechs Uhr) zu erscheinen, sondern auf das Schicksal, das die Dinge so schlecht arrangiert hatte.

BRIEF AN OPHÉLIA QUEIROZ VOM 28.5.1920

In einem glücklichen Augenblick der ätherischen Vision konnte ich eines Morgens in der »Brasileira do Chiado« die Rippen eines Individuums durch Anzug und Haut hindurch sehen. *Das ist die ätherische Vision in ihrem höchsten Grade. Sollte ich sie wirklich besitzen, d.h. deutlicher und immer wenn ich es will?*

Brief an Tante Anica vom 24.6.1916

Die Rua Garrett(rechts) mit der Kaffeerösterei Brazileira (unten) am Chiado, um 1912.

SHEFFIELD

Dann kam das Leben. In jener Nacht schleppte man mich zum Abendessen in den »Löwen«. Ich spüre noch die Erinnerung an die Beefsteaks auf dem Gaumen der Sehnsucht – Beefsteaks, das weiß ich oder nehme es wenigstens an, wie sie heute niemand serviert und ich sie nicht esse. Und alles verschmilzt für mich – die auf Distanz erlebte Kindheit, das schmackhafte Abendessen, das mondüberglänzte Bühnenbild – künftiger Verlaine und ich gegenwärtig – zu einer undeutlichen Diagonale in dem falschen Raum zwischen dem, was ich war, und dem, was ich bin.

DAS BUCH DER UNRUHE

Restaurant Leão »Pobre«, Rua Principal de Dezembro

E RESTAURA
ENDA
DA

Das Restaurant Pessoa in der Rua dos Douradores, wo Fernando Pessoa – laut Tagebuch – im Jahr 1913 gewöhnlich seine Mahlzeiten einnimmt.

»Ich ging früh außer Haus. Habe dank eines geliehenen Betrages von João Correira de Oliveira im Restaurant Pessoa zu Mittag gegessen. Danach traf ich mich mit Garcia Pulido im Brasileira do Rossio. Wir sprachen bis 2 1/2 Uhr. Wegen des Eintreffens einiger Hauseigentümergestalten rutschte das Gespräch auf niederdrückend schreckliche Weise ab.« TAGEBUCH VOM 27.3.1913

Das »Abel« von Abel Pereira da Fonseca, Rua dos Fanqueiros. An der Bar Fernando Pessoa »bei flagrantem Delikt (delitro)«.

ABEL PEREIRA DA FONSECA
LISBOA

LISBOA. — (Portugal). Rua do Principe e Avenida

Pflichten erfüllen müssen, ach, wie uferlos!
Jetzt soll ich doch um fünf vor eins
auf dem Rossio-Bahnhof sein, am oberen Bahngleis – Abschied
nehmen
von einem Freund, der mit dem »Südexpreß« aller Leute
hinfährt, wo alle Leute hinfahrn, nach Paris ...

Ich soll dort sein
und, glaubt mir, die vorweggenommene Erschöpfung ist so groß,
daß der »Südexpreß«, wenn er's wüßte, aus den Gleisen spränge ...

Kindliche Phantasien?
Mitnichten, er entgleiste wirklich.
Nähm' er mein Leben doch nur mit, verflucht, wenn er entgleist!

Mein Wunsch ist heftig,
und mein Wunsch, weil heftig, geht ein in die Substanz der Welt.
Álvaro de Campos

Links: Die Estação Central da Avenida, damals der Hauptbahnhof für internationale Zugverbindungen.

Zwischen dem Häusermeer zieht mit Einblendungen von Licht und Schatten – besser gesagt, von Licht und weniger Licht – der Morgen über der Stadt auf. Es sieht so aus, als rühre es nicht von der Sonne, sondern von der Stadt her, als löse sich das Licht von den hohen Mauern und Dächern ab – nicht physisch von ihnen, sondern weil sie eben dort sind.

DAS BUCH DER UNRUHE

Lissabon. Der Hügel mit dem Kastell São Jorge

Jawohl, wir werden alle vergehen, wir werden als Ganzes vergehen. Nichts wird übrigbleiben von alledem, was mit Gefühlen und Handschuhen hantiert hat, von alledem, was über den Tod und die Lokalpolitik geredet hat. Wie das Licht die Gesichter der Heiligen und die Gamaschen der Vorübergehenden erhellt hat, wird die Abwesenheit des Lichtes das Nichts im Dunkeln lassen, dem Überrest der Tatsache, daß die einen Heiligen gewesen sind und die anderen Gamaschenträger.

DAS BUCH DER UNRUHE

Unten: Die letzte Aufnahme von Fernando Pessoa.
Rechts: Hospital de São Luis dos Franceses (Rua Luis Soriano, 182).
In dieses Krankenhaus wurde Pessoa als Notfall am 28. November 1935 eingeliefert. Er verstarb dort zwei Tage später.

RUA
Z SORIANO

Fernando Pessoa (oben) beim Verlassen der Buchhandlung Bertrand gegenüber der Schneiderei Piccadilly (rechts) am Chiado.

»Morgen werde ich es sein, der nicht mehr durch diese Straßen geht.«

F.P.

NOVIDADES
PICCADILLY
ALFAIATES

Teu exagera ou exclui.
Sê todo em cada coisa. Põe quanto és
No mínimo que fazes.
Assim em cada lago a lua toda
Brilha, porque alta vive.
14.2.1933
Ricardo Reis
FERNANDO PESSOA
1888-1935
13 JUNHO 1985

Georg Rudolf Lind (1926–1990), der das Werk Pessoas für den deutschen Leser erschlossen hat, am Gedenkstein Pessoas im Kreuzgang des Mosteiro dos Jerónimos in Belém

NACHBEMERKUNG

Lissabon: Was der Reisende sehen sollte wurde von Fernando Pessoa in englischer Sprache verfaßt, wahrscheinlich im Jahr 1925. Pessoa gedachte diesen kleinen Reiseführer selbst zu veröffentlichen, wozu es jedoch niemals kam. Das maschinengeschriebene Skript wurde von Frau Teresa Rita Lopes aus dem legendären Nachlaß des Dichters 1992 erstmals ediert.

Der Reiz dieser kleinen Publikation liegt darin, daß sie uns mit den Augen Fernando Pessoas seine Stadt sehen läßt, auch wenn seine Empfehlung »Was der Reisende sehen sollte« nicht sehr systematisch und exakt mit den beschriebenen Örtlichkeiten übereinstimmt, wie sie sich zur Zeit der Niederschrift und erst recht heute dem Besucher Lissabons präsentieren. Dichter haben das Recht, den Gegenstand ihres Erzählens zu umkreisen, und daraus entsteht für uns, die Leser, unser Gewinn. Es ist mit diesem kleinen Buch aus der Welt des großen Portugiesen nicht anders.

E.A.

Der Ammann Verlag dankt dem Instituto Português do Livro für die freundliche Überlassung der Fotografien des Dichters, der Câmera Municipal de Lisboa für die Überlassung der historischen sowie Miranda Castela für die zeitgenössischen Aufnahmen Lissabons. Der auf der Umschlaginnenseite wiedergegebene Stadtplan stammt aus dem Baedeker »Portugal« von 1929.

Die im Bildteil eingestreuten Zitate wurden den folgenden im Ammann Verlag erschienenen Büchern Fernando Pessoas entnommen: *Das Buch der Unruhe* (6. Auflage 1994); *Álvaro de Campos.* Poesias/Dichtungen (1987); *Dokumente zur Person und ausgewählte Briefe* (1988) und *Briefe an die Braut* (1995).

INHALT

CARRIS DE FERRO D